CODE
DES TERRIERS,
OU
PRINCIPES
SUR
LES MATIERES FÉODALES,

Avec le Recueil des Réglemens sur
cette matière.

Ouvrage utile à tous Seigneurs de Fiefs, Notaires,
Commissaires à Terriers, & Commis des Domaines.

A PARIS,

Chez PRAULT pere, & VALLAT-LACHAPELLE,
Quai de Gévres, au Paradis.

____

M. DCC. LXI.

Avec Approbation & Privilége du Roi.

AVERTISSEMENT.

LES Terriers, qui dans l'origine n'étoient que des Mémoires privés, qu'un Seigneur faisoit pour son utilité particulière, & que ses vassaux ou tenanciers souscrivoient, sont devenus par la suite des Actes publics qui ont leur regles : elles sont invariablement fixées, & se trouvent répandues dans l'immense *Traité des Fiefs de Guyot*, dans *la Pratique des Terriers, de Freminville*, & autres.

Le but de cet Ouvrage, est de les rapprocher sous un seul point de vûe, & d'épargner la lecture de plusieurs volumes, aux Préposés pour la confection des Papiers Terriers.

La premiere Partie renferme les principes de tous les Droits exigibles par les Seigneurs directs sur leurs vassaux. La seconde embrasse les différens Réglemens qui se font faits pour le Papier-Terrier du Domaine du Roy.

Nous n'avons pû trouver des Réglemens particuliers pour toutes les Généralités du Royaume : il est à présumer que dans celles pour lesquelles il ne s'en trouve aucun, on s'en est tenu aux Règlemens généraux, & qu'il ne s'est élevé aucune question qui demandât une interprétation ou une décision particulière.

L'article de la Provence renferme une Jurisprudence consommée & suivie sur cette matière ; la question du Franc-Aleu de nature, & de la Directe universelle, en faveur du Roi, y est parfaitement résolue. Nous n'avons pas hésité de rapporter en entier les Ordonnances de M. le Bret, Premier Président & Intendant de cette Province. Les décisions d'un si grand Magistrat peuvent être regardées comme autant de loix.

Les Notaires & les Commissaires à Terriers, y trouveront les modèles des différens Actes qu'ils doivent faire passer aux vassaux des Seigneurs directs qui les employent.

Les Seigneurs mêmes, qui lisent avec répugnance de longs Traités de Jurisprudence, pourront s'instruire de leurs droits & de leurs obligations en lisant attentivement la premiere Partie.

Les Commis des Domaines, obligés par état, de connoître tous ces Droits, seront peut-être bien-aises de les trouver tous rassemblés dans un seul volume ; & le Recueil de Ré-

glemens qui forme la seconde Partie,
& dont la plûpart ne se trouvent point
dans celui du Domaine, pourra leur
rendre encore plus utile.

TABLE
DU CONTENU
DANS LA PREMIERE PARTIE
de cet Ouvrage.

PREMIER PRINCIPE.

Fin de la Table de la premiere Partie.

TABLE

Des Titres & Reglemens de la seconde Partie.

Fin de la Table.

PRINCIPES

PRINCIPES

DES

MATIERES FÉODALES.

Pour parvenir à la confection des Papiers Terriers.

O us commencerons par ce Principe :

Nulle Terre sans Seigneur.

Cette Maxime est reçue dans le général des Coutumes, *le Franc-aleu* en est une espéce d'exception, elle se développera dans la suite.

Il résulte de ce Principe, qu'une Terre, ou un héritage, est dans la Mouvance ou dans la Justice d'un Seigneur.

Premiere Partie. A

Il y a deux Tenures ou Mouvances : la Mouvance féodale & la Mouvance censive.

Dans les Coutumes allodiales, c'est à-dire, qui admettent le Franc-aleu, un héritage peut n'être ni dans l'une ni dans l'autre de ces deux mouvances : mais il seroit alors un *Franc-aleu* ; en cette qualité, il est dans la Justice du Seigneur Justicier.

Si un Seigneur veut renouveller les obéissances qui lui sont dûes, c'est-à-dire, se faire rendre des Titres nouveaux, & se faire payer de ce qui lui est dû, & enfin connoître les héritages qui sont dans l'étendue de sa Justice, il doit faire procéder à un nouveau *Papier Terrier*.

Qu'est-ce qu'un Papier Terrier ? C'est une description de tous les héritages nobles qui sont dans la mouvance féodale, de tous les héritages roturiers qui sont dans sa Censive, de tous les Services, Cens, Rentes, Droits, Dimes, Terrages, Champarts, Corvées, &c.

De tous les Vaſſaux & arriere-Vaſſaux, Sujets cenſiers ou cenſitaires, Propriétaires ou Uſufruitiers.

C'eſt une déclaration par le menu & en détail de ce que chaque Vaſſal, ou autre Ténancier tient dépendant ou relevant du Fief du Seigneur, cette déclaration contient les reconnoiſſances des Services, Cens, Rentes, & autres Droits dûs aux Seigneurs.

Pour ce Papier Terrier, il faut obtenir en Chancellerie, des Lettres de Papier Terrier : ces Lettres portent Commiſſion générale pour faire appeller pardevant le Notaire, ou autre Commiſſaire à Terrier à ce commis, tous les Débiteurs des Redevances prétendues par le Seigneur, afin de les reconnoître & en donner acte autentique.

Si le Seigneur a une Juſtice ordinaire, il peut par une clauſe ſpéciale, qu'il fera inſérer dans les Lettres de Papier Terrier, faire donner pouvoir au Juge Royal, auquel ces Lettres sont adressées, de déléguer le Juge de la Seigneurie, pour régler les contestations qui pourront naître.

On s'adresse ordinairement à un Secretaire du Roi, qui dresse les Lettres de Papier Terrier.

Quand elles sont en forme, le Seigneur présente Requête au Juge Royal auquel elles sont adressées, & le prie de vouloir bien les entériner.

Après que ces Lettres sont entérinées, le Seigneur fait faire par un Homme Royal les proclamations par un cri public; s'il est Haut-Justicier, aux Marchés, s'il y en a, ou à l'issue des Messes de Paroisses, & fait apposer des Affiches qui contiennent des Copies de Lettres de Papier Terrier, & de la Sentence qui les a entérinées.

Chaque Vassal ou Censitaire est obligé de venir devant le Notaire, ou autre Commissaire à Terrier, faire ses obéissances & exhiber ses Titres.

Lorsque le Papier Terrier est achevé, il faut le faire clorre par le même
Juge Royal qui a entériné les Lettres.

Les Censitaires doivent donner au
Seigneur une grosse de leur Déclaration, & en payer les frais au Commissaire à Terrier, sçavoir, le Contrôle & le Papier timbré, 5 sols pour
le premier Article, & 2 sols 6 den.
pour chacun des autres Articles de la
Déclaration. C'est ce que porte un
Acte de Notoriété de M. le Lieutenant Civil *du 5 Mars* 1689.

Il faut observer ici que quelques
Particuliers ayant fait insérer dans leurs
Lettres de Terrier, que les arrerages
de leurs rentes & leurs droits leur seroient payés, nonobstant la prescription autorisée par la Coutume des
lieux, le Roi défendit par sa Déclaration *du 19 Avril* 1681. *regiſtrée au
Parlement le 17 Mai audit an*, d'y
avoir aucun égard, & ordonna l'exécution des Loix qui autorisent la prescription.

A iij

Les Vassaux ou Censitaires qui négligent de venir faire leurs obéissances & l'exhibition de leurs Titres de propriété, on les fait assigner devant le Juge Royal, ou devant le Juge Seigneurial qu'il a délégué.

Dans la confection du Papier Terrier, il se rencontre un nombre infini de questions & de difficultés : pour les résoudre, il faut que le Commissaire à Terrier examine bien attentivement les clauses & conditions du Contrat d'inféodation, & les conventions faites entre le Seigneur & le Vassal ou celles du Contrat d'ascensement ; ce sont des loix entre le Seigneur, le Vassal ou le Censitaire lorsqu'on peut représenter cette premiere concession.

Si ce premier titre manque, il faut avoir recours aux Actes de Foi & Hommages, aux Aveux & Dénombremens, aux Déclarations & autres Reconnoissances, qui sont des renouvellemens d'investitures, & suppléent

au défaut de l'Acte de la premiere
concession, parce qu'ils sont présumés en contenir les principales conditions.

Il faut aussi consulter les dispositions de la Coutume de la Province;
si le cas y est omis ou obscur, il faut
avoir recours aux Coutumes voisines,
ou au Droit commun du Royaume,
& enfin à la Jurisprudence des Arrêts.

On appelle Vassal, celui qui doit
au Seigneur la Foi & Hommage,
pour raison de sa Terre, de son Fief,
ou de son héritage.

On appelle Sujet, celui qui tient
son héritage du Seigneur censivement, ou qui est dans le territoire
d'un Seigneur Justicier.

La principale division des Fiefs,
est en Fief dominant, Fief servant, &
Arriere-fief.

Le Fief dominant, est celui à qui la
Foi & Hommage est dûe.

Le Fief servant, est celui qui doit
la Foi & Hommage.

L'Arriere-fief est celui qui releve du Fief servant. Ces termes sont corrélatifs.

Lorsque le Fief dominant & le Fief servant sont situés en différentes Coutumes, il faut suivre celle du Fief dominant dans les factions de foi & hommage , & la Coutume du Fief servant pour regler les droits utiles & profits féodaux.

AUTRE MAXIME.

FIEF ET JUSTICE N'ONT RIEN DE COMMUN.

C'est-à-dire , que le Fief & le droit de Justice contentieuse sont tellement distingués , qu'ils peuvent être séparés & appartenir à différens Seigneurs. Il y a des exceptions à cette regle en certaines Coutumes : par exemple, en celles d'Anjou & du Maine , où Fief & Justice sont tout un.

DE LA FOI ET HOMMAGE.

LA Foi & Hommage est dûe par le Vassal au Seigneur du Fief dominant, pour raison des choses qu'il tient de lui à Foi & Hommage. Cette Foi & Hommage est accompagnée de certaines formalités & marques de soumissions qui sont différemment prescrites par les différentes Coutumes. La Foi & Hommage est dûe à toutes mutations de Seigneur & de Vassal; il y a cette différence, que lorsque la mutation arrive de la part du Vassal, le nouveau Vassal doit faire la Foi & Hommage à son Seigneur de Fief dans quarante jours, à compter du jour qu'il est devenu propriétaire du Fief servant ou de la chose hommagée, sans qu'il doive attendre aucune sommation ni interpellation, à faute de quoi le Seigneur dominant peut saisir féodalement le Fief ou la chose hommagée.

Mais quand la mutation arrive de la part du Seigneur, l'ancien Vassal, c'est-à-dire, celui qui a déja fait au Seigneur précédent la Foi & Hommage, n'est tenu de la faire au nouveau Seigneur, qu'après qu'il en aura été interpellé, soit par proclamations, sommations, significations ou assignations, suivant les différens usages des diverses Coutumes, & les différentes espéces de Fiefs; c'est la disposition de l'Article LXV. de la Coutume de Paris. Nous ne citerons ici que cette Coutume, qui est le Droit commun du Royaume en ce qui n'est point contraire aux autres Coutumes, qu'il faudra consulter & suivre, lorsque les Fiefs dont on fait le Papier Terrier s'y trouveront situés.

Lorsque, par maniere de partage, un pere donne un Fief ou chose hommagée à quelqu'un de ses enfans, le Donataire n'est tenu de faire au Seigneur la Foi & Hommage qu'après le décès du Donateur; & si ce pere Donateur n'avoit pas fait la Foi & Hommage, c'eſt à lui qu'il faut s'adreſſer pour lui faire porter la Foi.

Quoique la femme, après le décès de ſon mari, accepte la communauté, elle ne doit point au Seigneur la Foi & Hommage pour la part qu'elle a dans le Fief ou la choſe hommagée que ſon mari a acquis durant le mariage, pourvu qu'il ait fait la Foi & Hommage durant ſon acquiſition.

Mais s'il eſt échu à la femme un Fief ou choſe hommagée durant ſon mariage, & que le mari ſeul en ait rendu la Foi, elle ſera tenue de la réitérer lors de ſa viduité.

La Femme Douairiere n'eſt point tenue de faire la Foi pour le Fief ou choſes hommagées qui tombent dans ſon Douaire.

Les Filles doivent la Foi & Hommage des choſes hommagées qui leur appartiennent de leur chef, à toutes mutations par mariage.

Les Aſcendans ſont tenus de faire

la Foi & Hommage pour raison des choses hommagées qui leur échéent par la succession des descendans.

La Foi & Hommage doit être faite par le Vassal en personne, il ne la peut refuser s'il n'a une excuse suffisante ; en cas d'excuse, le Seigneur doit recevoir la Foi & Hommage par Procureur chargé d'une Procuration spéciale en bonne forme, ou donner souffrance, jusqu'à ce que l'excuse cesse.

Un Doyen fait la Foi & Hommage pour les choses hommagées possédées par le Chapitre.

Un Abbé, un Prieur, un Curé, un Bénéficier, fait la foi & hommage.

Si la Communauté n'a point de Chef permanent, la Foi & Hommage doit être faite par l'homme vivant & mourant.

Suivant l'Article XLI. de la Coutume de Paris, le Tuteur fera la Foi & Hommage pour les choses hommagées du Mineur, si le Seigneur le

veut bien ; mais fi le Seigneur ne le
veut pas , il doit donner fouffrance
jufqu'à ce que le mineur foit devenu
majeur de majorité féodale ; car il
faut ici diftinguer cette majorité de
la majorité légale qui eft de 25 ans :
Par exemple , dans la Coutume de
Paris , Article XXXII. les mâles
font réputés majeurs pour faire la
Foi & Homage à 20 ans , & les filles à 15.

S'il y a conteftation entre deux Seigneurs , ce qu'on appelle *Combat de
Fief*, le Vaffal peut & doit fe faire recevoir par main fouveraine ; à cet effet , il fera appeller devant le Juge fu-
périeur, les deux Seigneurs, pour con-
tefter le Fief & la Mouvance , & pendant le Procès il doit avoir main-levée
des faifies , fi aucunes ont été faites,
demeurer en paix , & jouir paifible-
ment de fon Fief ou chofe hommagée, à couvert de toutes vexations &
inquiétudes , en confignant les droits
& devoirs dûs & échus , à la charge

de faire la Foi & Hommage à celui des deux qui obtiendra en définitif, quarante jours après la signification qui lui sera faite de la Sentence ou Arrêt. Telle est la disposition de l'Article LX. de la Coutume de Paris, qui contient en ce point le droit commun de la France.

Il y a une exception à cette regle, qui est que si le combat de Fief est entre le Roi & un Seigneur particulier, en ce cas le Vassal doit faire par provision Foi & Hommage aux Officiers de Sa Majesté, & payer les droits échus aux Fermiers du Domaine, sauf à réitérer l'hommage au Seigneur particulier s'il obtient, & sauf audit Seigneur particulier à se pourvoir contre le Fermier du Domaine, pour la répétition des droits par lui reçus.

Le combat de Fief est fondé sur ce que la féodalité est une chose individue, & qu'un même Fief ou chose hommagée ne peut régulierement relever de deux Seigneurs contendans, c'est celui qui a les plus anciens titre qui doit emporter & obtenir la Mouvance, si l'autre n'a prescrit.

La maniere de faire la Foi & Hommage, & les formalités qu'il y faut observer, sont prescrites dans la plûpart des Coutumes; on doit les suivre chacun dans la sienne : mais lorsque le Fief servant & le Fief dominant sont situés en différentes Coutumes, il faut, pour l'Acte de Foi & Hommage, suivre la disposition de la Coutume du Fief dominant.

En tout cas, l'Article LXIII. de la Coutume de Paris enseigne toutes les formalités nécessaires, & il n'y a gueres de changemens considérables à faire pour toutes les autres Coutumes du Royaume, & même pour les Pays de Droit Ecrit.

FORMULE DE FOI ET HOMMAGE.

A Ujourd'hui . . . . a comparu N . . . . lequel s'étant mis en devoir

du Vassal, a porté la foi & hommage ;
(simple ou lige) pour son Fief de . . . . .
à Monseigneur . . . . . . à cause de sa Ter-
re, Fief & Seigneurie de . . . . . . entre
ses mains, ou entre les mains de P. . . . .
son Procureur fondé, &c. déclarant ledit
sieur . . . . . . que ledit Fief lui est venu
de . . . . . . le priant de le recevoir à la-
dite foi & hommage, à quoi il a été re-
çu, à la charge de rendre son aveu & dé-
nombrement dans quarante jours, suivant
la Coutume, à peine de saisie féodale, sans
préjudice des droits de Monseigneur. . . . .
& de l'autrui, & a signé. Donné à

Cet Acte de foi & hommage est
sujet au Contrôle.

DE L'AVEU ET DÉNOMBREMENT.

LE Vassal ayant fait la foi & hommage, comme il vient d'être dit,
doit donner son aveu & dénombrement
dans quarante jours ; c'est la disposition

tion de l'Article VIII. de la Coutume de Paris, & de presque toutes les Coutumes du Royaume.

Qu'est-ce qu'un Aveu & Dénombrement? C'est un Acte par lequel le Vassal avoue tenir son Fief ou sa chose hommagée de son Seigneur, à raison de son Fief; une description & énumération exacte de tout ce qui compose le Fief servant, c'est-a-dire, le Fief du Vassal, tant en Domaine qu'en Arriere-fief, Censives, Services, Rentes, Cens, Rentes Seigneuriales, Rentes foncieres, Servitudes, Droits utiles & honorifiques, Prééminences & Prérogatives, le tout fait en détail & par le menu, avec confrontation par tenans & aboutissans.

On doit fournir cet Aveu & Dénombrement en forme probante & authentique; pour être tel, il faut qu'il soit signé de la Partie, si elle sçait signer, & de deux Notaires, ou d'un Notaire & de deux Témoins; il faut que cet Aveu soit en parchemin; il faut aussi le faire sceller & controller.

Si un Vassal tient plusieurs pieces de choses hommagées, ou plusieurs fiefs à différentes Foi & Hommages, doit-il autant d'Actes différens de Foi & Hommage, & autant de différens Aveux & Dénombremens?

On le peut exiger à la rigueur, mais il est plus noble & plus humain de ne faire qu'un seul Acte, en divisant par chapitre les différens Fiefs ou corps d'héritages hommagés, afin d'éviter à frais.

Celui qui a une fois donné son Aveu, est-il obligé d'en donner un autre au nouveau Seigneur?

Le Vassal n'est pas obligé de donner au nouveau Seigneur, un nouvel Aveu & Dénombrement, mais il est obligé de lui donner copie de l'Aveu qu'il avoit ci-devant rendu; cette copie doit être aux dépens du nouveau Seigneur.

L'Aveu & Dénombrement présen

té & reçu, eſt ſujet au blâme ; ce blâme ſe fait par le Procureur Fiſcal du Fief dominant, s'il y a Juſtice, ſinon par le Seigneur devant le Juge Haut-Juſticier, ſelon les différentes Coutumes. Il y a différens délais pour blâmer l'Aveu & Dénombrement, & il y a différentes formalités à y obſerver, ſelon les différentes diſpoſitions des Coutumes. En général, le Seigneur du Fief dominant, ou ſon Juge, ou Commiſſaire à Terrier, ne ſont pas obligés d'examiner & blâmer l'Aveu en le recevant, ils ſe contentent de donner Acte au Vaſſal, Acte ou reconnoiſſance de la préſentation de l'Aveu & Dénombrement, ſe réſervant de fournir de blâme dans le tems de la Coutume, s'il ſe trouve que l'Aveu ſoit ſujet au blâme.

Il y a autant de moyen de blâme de l'Aveu & Dénombrement, qu'il peut y avoir de défection, d'excès, d'erreurs, d'omiſſions, &c.

Dumoulin, ſur l'Article X. de la

Coutume de Paris, réduit à sept les moyens de blâme.

1°. Si le Vassal employe dans son Aveu & Dénombrement un héritage comme faisant partie de son Domaine, quoiqu'il n'en soit pas, soit qu'il appartienne au Seigneur ou à un tiers, ce qui seroit une usurpation, soit qu'il appartienne au Vassal, mais à raison d'un autre Fief, ce qui seroit une confusion.

2°. Si le Vassal employe comme Arriere-fief ce qui est de son Domaine, ou au contraire comme étant de son Domaine, ce qui n'est qu'en Arriere-fief.

3°. Si le Vassal prend d'autres qualités que celles qui lui appartiennent, principalement si elles intéressent le Seigneur, comme s'il se dit Chatelain, & qu'il ne le soit pas, s'il se dit Haut-Justicier, & qu'il n'ait dans son Fief ni la haute ni la moyenne Justice, ou s'il se dit Seigneur d'un tel lieu, sans en avoir la Seigneurie, s'il se dit mal-à-propos Fondateur ou Patron d'une Église, d'une Chapelle, &c. de même s'il s'attribue dans son Aveu & Dénombrement des Droits qu'il n'a pas, comme Droits de Chasse, de Garenne, de Pêche, de Colombier, &c.

4°. S'il y a omission de quelques parties d'héritages qui composent le Domaine du Fief servant.

5°. S'il y a omission de quelques Arriere-fiefs, ou de quelques Sujets qui relevent du Vassal, de leurs Charges & Redevances.

6°. S'il y a omission des Services, Charges, Devoirs, Rentes, Redevances & Servitudes, que le Fief servant doit au Fief dominant.

7°. S'il n'y a point de confrontations, ou si elles ne sont pas justes & modernisées.

Il peut encore y avoir d'autres moyens de blâme; ceux-ci ne sont ici proposés que par forme d'exemple, comme plus fréquens; il faut que le

Commissaire à Terrier examine les Titres du Seigneur & du Vassal, & qu'il
en fasse l'application à la Coutume
qui régit les Parties.

MODELE D'UN AVEU ET DE'NOMBREMENT.

DE vous......(ici mettre le nom,
le surnom & les qualités du Seigneur.)
je......(ici mettre le nom, le surnom & les qualités du Vassal qui rend
l'aveu & dénombrement.) *reconnois être*
votre homme de foi & hommage (simple
ou lige, selon les titres) *à cause de vo-*
tre Terre, Fief & Seigneurie de......
Domaines, Fiefs & choses en dépendantes,
dont suit le dénombrement.

1°. *En Domaine, mon Château situé*
à.....*basse-cour, jardins, &c.* (mettre ici toutes les dépendances du Château, cour, basse-cour, jardins, al-
lées, parcs, &c.

Item, (mettre ici les pieces de terres, vignes, prés & bois qui dépendent
du Château.)

Item, (mettre ici les métairies, moulins, closiers ou bordelages, & généralement tout le domaine, le tout par joignans & aboutissans.

S'ensuit ceux qui tiennent de moi à foi & hommage, & qui sont vos Arrieres-vassaux, & premier Jacques . . . . est mon homme de foi (simple ou lige) à cause & pour raison de tel son Fief, ou de telles & telles choses, pour raison de quoi il me doit 5 sols de service par chacun an.

Item, Paul, &c. . . . . S'ensuit les choses qui sont dans ma censive, & les noms de ceux qui les possedent.

Le premier, Pierre, &c. . . . . . . pour sa maison, cour & jardin, situé à tel endroit, joignant d'un côté, &c. pour raison de quoi il me doit 3 sols de cens. Item, (employer ici ceux qui doivent au Vassal des rentes foncieres.)

Maniere de clore l'Aveu et De'nombrement.

Qui sont toutes les choses que je tiens de vous, Monseigneur, à ladite foi &

hommage, à cause de votre Terre, Fief & Seigneurie de . . . . . . tant en domaine qu'en fief, arriere fief, cens & rentes, dont je vous rends le présent aveu & dénombrement, déclarant que j'y ai employé tout ce que je crois & sçais composer mondit Fief & relevant de vous, & n'avoir rien omis par dol & fraude, avec protestation que je fais, que si dans la suite il vient à ma connoissance que je possede quelques autres choses qui relevent de vous, j'en ferai aveu incontinent.

Cette derniere clause est un expédient pour ne pas perdre par désaveu les choses qui pourroient avoir été omises dans l'Aveu & Dénombrement. Ainsi, au moyen de cette clause, le Vassal ne confisquera point les choses qu'il auroit omises, il en sera quitte pour réformer son Aveu, & payer l'amende de coutume.

DE LA SAISIE FEODALE.

LA Saisie Féodale est une main-mise du Seigneur, par laquelle il met en sa main & en sa puissance le Fief servant, pour en jouir & l'exploiter. Mais pour que le Seigneur use de ce droit contre son Vassal, il faut que le Vassal y ait donné lieu : par exemple (& c'est le cas le plus ordinaire) lorsque le Vassal a négligé de faire la foi & hommage à son Seigneur, & de lui fournir son aveu & dénombrement, même de lui payer ses droits : c'est pour cela que dans le Procès-verbal de Saisie féodale, on met en général que c'est faute *d'homme droit & devoirs non faits & non payés.*

Dans ce cas, cette Saisie féodale emporte perte de fruits, & le Seigneur se les applique pendant que la Saisie féodale dure, sans être obligé de les rendre ; mais dans les autres causes de la Saisie féodale, le Seigneur ne fait pas les fruits siens, par exemple :

Faute d'avoir fourni aveu & dénombrement, si le Vassal avoit fait la foi & hommage.

Faute d'exhibition de son Contrat d'acquêt.

Faute de payement de Cheval de Service.

Pour Cens & Rentes non payées.

Faute de payement de Lods & Ventes.

Faute de payement de Rachat ou Relief.

-Un Fermier d'une Terre qui auroit dans son Bail les Fiefs & les émolumens de Fief, comme Lods & Ventes, Rachats, Services, Cens, Rentes, Chevaux de Service, & autres Droits, ne pourroit pas saisir féodalement en son nom, mais il faut qu'il se serve du nom du Seigneur, ou de celui de son Procureur Fiscal, pourvû que ce soit en vertu du Mandement du Juge du Seigneur.

Mais si on se pourvoit devant le Juge Superieur, il faut que ce soit au nom du Seigneur ; le Procureur Fiscal n'a plus ni nom ni fonction hors de la Seigneurie.

Pour la validité de la Saisie féodale, il n'est pas nécessaire, si l'on ne veut, de faire précéder un Commandement, le Vassal est suffisamment interpellé par la Coutume ; il sçait que du jour qu'il est entré en possession & jouissance de son Fief, soit par acquisition, donation, ou succession, il doit dans quarante jours faire la foi & hommage à son Seigneur de Fief.

La Saisie féodale doit être faite, non des fruits, mais du fonds ; c'est une espéce de saisie réelle du fonds & de la chose ; c'est une sorte de réunion du Fief servant au Fief dominant : une simple saisie de fruits n'emporteroit pas perte de fruits, c'est pourquoi l'Huissier ou Sergent qui veut procéder à la Saisie féodale, doit se transporter sur le Fief servant pour le saisir, c'est-à-dire sur le chef-lieu du Fief, & le saisir avec ses circonstances & dépendances, sans qu'il soit nécessaire d'en parcourir toutes les parties ; ensuite il la dénoncera au Seigneur du Fief saisi , s'il le trouve sur son Fief , ou bien en parlant à ses gens, serviteurs , ou fermiers ; s'il lui faisoit cette dénonciation hors du Fief, même parlant à sa personne , la Saisie féodale seroit nulle. Il faut que l'Huissier ou Sergent se fasse assister de deux témoins, comme dans les autres saisies.

EFFETS DE LA SAISIE FEODALE.

Le premier & le plus considérable effet de la Saisie féodale , est que le Seigneur applique à son profit & fait siens les fruits qu'il a pris & levés en conséquence de la Saisie féodale , si elle a été faite faute d'homme droit , & pour droits & devoirs non faits & non payés , comme on l'a ci-dessus observé.

Si le Fief est affermé sans fraude, le Seigneur se contentera de la ferme ou de la moitié des fruits.

Si le Vassal jouit par lui-même de son Fief, le Seigneur qui prend les fruits en vertu de la Saisie féodale, doit rembourser les frais de labours & semences, ou bien laisser la moitié des fruits pour droit de Colon, le tout cependant suivant l'usage du pays.

Le Seigneur qui a saisi féodalement le Fief de son Vassal, peut aussi saisir & mettre en sa main les arrieres-Fiefs ouverts, en prendre les émolumens & profits féodaux.

La Saisie féodale est tellement privilégiée, qu'elle est préférable à la Saisie réelle, quand même la Saisie réelle auroit été faite antérieurement à la Saisie féodale.

Mais le Commissaire aux Saisies réelles sera reçu à faire la foi & hommage, au refus ou au défaut du Vassal; ce faisant, il couvrira le Fief, & obtiendra main - levée de la Saisie féodale, pour continuer la Saisie réelle.

Le Seigneur dominant, pendant la Saisie féodale, peut présenter aux Bénéfices du Fief saisi féodalement, & qui sont venus à vaquer depuis la main-mise & saisie féodale, par la raison que la présentation à ces Bénéfices est mise au nombre des fruits ; ce droit constitue une des différences qu'il y a entre cette Saisie féodale & la Saisie réelle ; car dans la Saisie réelle & pendant icelle, ni les Commissaires aux Saisies réelles, ni les créanciers ou leurs Syndics & Directeurs, ni les Fermiers judiciaires, ne peuvent user de ce droit.

La Saisie féodale ne dure que trois ans, & doit être renouvellée après ce terme, sinon elle cessera d'avoir effet, à moins qu'il n'y ait eu opposition à la Saisie féodale, & une continuation de poursuites qui ayent empêché la peremption ; c'est la disposition précise de la Coutume de Paris, Article

XXXI. qui sert de droit commun dans tout le Royaume.

CHARGES DE LA SAISIE FEODALE.

Si la Saisie féodale a ses avantages, elle a aussi ses charges. Le Seigneur qui jouit du fief de son Vassal, saisi féodalement, doit en user en bon pere de famille, c'est-à dire, selon la Coutume du lieu, la qualité & la condition de la chose, & la destination du pere de famille; d'où il suit qu'il ne peut tailler les vignes à long bois, labourer les terres plus que le lieu n'en peut porter par chaque année, ni couper les arbres fruitiers, ni les bois de futaye; s'il pêche les étangs, il doit les laisser garnis de peuples suffisans, laisser les colombiers fournis, quoiqu'il puisse prendre pour son usage les jeunes pigeonnaux; il peut lever l'esfouille, le revenu & l'accroît des bestiaux; mais il ne doit pas altérer & endommager la souche; il ne peut pas labourer ce qui eſt en prés , ni ſemer des parterres.

Il doit payer les charges & rentes inféodées , il n'eſt pas obligé aux au-tres , parce que le Vaſſal n'a pû char-ger ſon Fief au préjudice du Seigneur , ſans ſon conſentement exprès : mais les rentes féodales qui étoient dûes ſur le Fief au Seigneur ſaiſiſſant , ſont confuſes dans ſa jouiſſance , & il ne les peut demander pour le tems que la ſaiſie a duré , car il ne peut déſa-vouer cette charge , ni prétendre qu'el-le ne ſoit point inféodée.

Le Seigneur n'eſt point tenu des taxes de franc-fief , parce que c'eſt une charge plus perſonnelle que réel-le , mais il eſt obligé de les payer pour éviter les contraintes & enlevemens des fruits de la part des Traitans , il aura ſon recours contre le Vaſſal.

Le Seigneur n'eſt pas tenu des groſſes réparations , mais il doit les menues ; pour les moyennes , cela dé-pendra de la néceſſité & de la durée de la Saiſie féodale.

Le Seigneur, pendant la Saisie féodale n'est pas obligé d'acquitter le
douaire de la veuve qui a été assigné sur
le Fief saisi, soit que ce douaire soit
coutumier ou préfix ; mais la veuve a
deux voies pour se pourvoir : la premiere, d'agir pour ses dommages &
intérêts contre l'héritier négligent,
dont la négligence donne lieu à la
Saisie féodale ; la seconde, d'offrir au
Seigneur la foi & hommage & le payement des droits & devoirs pour couvrir le Fief, & par ce moyen obtenir
main-levée de la partie du Fief sujet à
son douaire.

Le Seigneur a sur les choses dé-
membrées sans son consentement, les
mêmes droits que sur le fief de son
Vassal.

DU DESAVEU.

LE Vassal qui désavoue son Seigneur, perd son fief; cette peine dérive de la *Loi Salique* : mais pour
que le Desaveu emporte commise &
perte de fief, il faut qu'il soit sérieux,
fait de propos déliberé & avec connoissance de cause; aussi, dans la pratique il n'y a gueres que celui qui est
fait en Jugement, qui puisse produire
cet effet.

Il faut observer ici que le Vassal
n'est pas reçu à demander au Seigneur
la communication de ses titres, pour
déliberer s'il doit avouer ou désavouer ; il doit commencer par s'a-
vouer Vassal, & faire la foi & hommage, pour avoir ensuite communication des titres du Seigneur; c'est
la disposition de la Coutume de Paris,
qui fait le droit commun du Royaume.

Si le Désaveu n'est que de partie du Fief, il ne donne pas lieu à la commise & perte de tout le Fief, mais seulement de la partie du Fief qui a été désavouée. A plus forte raison, le Désaveu d'un Fief n'emporte commise & perte que de ce Fief, & non des autres Fiefs qui peuvent relever du même Seigneur; mais comme nous l'avons ci-devant dit, pour éviter le Désaveu & les effets du Désaveu, le Vassal qui donne son aveu, fera bien, en faisant la clôture, d'y déclarer qu'il y a employé ce qu'il croyoit & sçavoit composer son Fief & relever de son Seigneur, & n'avoir rien omis par dol & fraude, avec protestation que si dans la suite il vient à sa connoissance qu'il possede quelqu'autre chose qui releve du Seigneur, il en fera aveu incontinent.

Pour emporter perte de Fief, il faut que le Désaveu soit de la chose & de la personne en même tems, c'est-à-dire, que le Vassal dénie rele-

ver d'un tel Fief & d'un tel Seigneur ;
car s'il reconnoiſſoit relever d'un tel
Fief, & non pas d'un tel Seigneur,
ce qui eſt proprement ſoutenir que le
Fief dont on ſe reconnoît mouvant,
n'appartient pas au Seigneur qu'on
déſavoue, c'eſt un déſaveu de la perſonne ſeulement, & qui n'emporte
pas perte de Fief ; ou bien ſi le Vaſſal
reconnoiſſoit relever d'un tel Seigneur, mais non pour raiſon d'un tel
Fief, c'eſt un déſaveu de la choſe,
qui n'emporte pas non plus commiſe
& perte de Fief.

Le Déſaveu, pour emporter commiſe & perte de Fief, doit être de la
mouvance ; il ne ſuffit pas que le Déſaveu ſoit de la qualité & de la condition de la mouvance : par exemple,
celui qui avoue relever du Seigneur,
mais qui prétend ne relever que cenſivement, eſt exempt de la perte de
Fief ; ſi ce qu'il a prétendu ne relever
que cenſivement, ſe prouve relever à
foi & hommage, il ne ſera puni que

de la peine des Plaideurs témeraires,
par la condamnation aux dépens,
dommages & intérêts.

Ainsi donc, pour donner lieu à la
commise & perte de Fief par le Dé-
faveu, il faut dénier la mouvance &
supériorité du Seigneur propriétaire du
Fief dominant, en affirmant relever
d'un autre Seigneur dont on n'est point
vendiqué, ou seulement tenir en *franc-
aleu*.

Celui qui est poursuivi par un Seigneur dont il prétend ne point relever, ne doit pas hasarder le Désaveu,
mais il doit avoir la précaution de se
faire reclamer & revendiquer par le
Seigneur dont il croit relever, afin de
former le combat de Fief, pendant
lequel il n'est point tenu d'avouer ou
désavouer jusqu'à la décision, & peut
se faire recevoir par main souveraine;
si au contraire le Vassal n'est point re-
vendiqué par un autre Seigneur, il
peut être forcé de s'expliquer nette-
ment, & d'avouer ou désavouer; s'il

désavoue le Seigneur qui se trouve par l'événement le véritable Seigneur, il tombe en commise & perd son Fief; mais il faut observer que celui qui en désavouant son Seigneur, déclare relever du Roi, n'est point sujet à la commise, & ne perd point son Fief, quand même il viendroit à être jugé que son Fief ne releve point de Sa Majesté, mais du Seigneur qu'il a désavoué, parce que le Roi est la vive source de toutes féodalités.

Le Vassal qui étant saisi féodalement, désavoue son Seigneur, doit avoir main-levée provisoire de la saisie pendant le procès, c'est la disposition de l'Art. XLV. de la Coutume de Paris : mais s'il succombe, il doit restituer au Seigneur les fruits, du jour de la saisie féodale.

De droit commun, celui qui tient son héritage censivement, ne tombe point en commise pour désavouer son Seigneur; il n'y a que les Vassaux qui tiennent à foi & hommage qui soient sujets à cette peine : mais il faut que le Censitaire obéisse au Jugement en dernier ressort, pour éviter que le Seigneur ne s'empare de l'héritage, si le Censitaire par obstination refusoit de rendre sa déclaration & de payer ses devoirs.

Le mari, par le Désaveu, ne perd que les fruits du Fief de sa femme pendant la Communauté.

De même, le Bénéficier qui a désavoué, n'est privé que de la jouissance de son Bénéfice pendant sa vie ; il en faut dire autant de celui qui ne jouit qu'à titre de substitution.

DES LODS ET VENTES, QUINTS ET REQUINTS.

LES Lods & Ventes sont ordinairement dûs en trois sortes de mutations.

1°. Dans le Contrat de vente.

2°. Dans le Contrat d'échange.

3°. Dans le Contrat de bail à rente rachetable.

Les Lods & Ventes sont ordinairement dûs par l'acquereur, à moins que le contraire ne soit stipulé par le Contrat. Ce droit est différent selon les diverses Coutumes. A Paris on distingue les biens nobles d'avec les biens roturiers.

Les biens nobles doivent le Quint, qui est la cinquiéme partie du Contrat.

Les biens roturiers doivent 16 den. parisis, qui sont 20 deniers tournois, c'est-à-dire, le douziéme denier du prix du Contrat.

Il y a des pays où l'on prend les Lods & Ventes doubles, qu'on appelle vente & issue; pour cela il faut suivre la disposition des Coutumes.

Le Seigneur prend les Lods & Ventes ou le Quint sur le pied du prix du Contrat.

S'il y a dans la suite un supplément de prix, les Lods & Ventes en sont dûs; ce supplément se fait en plusieurs cas. 1°.

1°. Lorsque le vendeur menace l'acquereur d'obtenir des Lettres de rescision pour la léfion.

2°. Lorsqu'un mineur a vendu avec promeffe de ratifier en majorité, & parvenu à fa majorité, refufe de ratifier fi on ne lui donne un fupplément.

3°. Si un pere ou une mere, ou les deux enfemble, ont vendu un héritage, & menacent l'acquereur de faire le retrait lignager fous le nom de leurs enfans, s'il ne leur donne un fupplément.

4°. Si un mari vend le bien de fa femme, avec promeffe de la faire ratifier, & qu'elle refufe cette ratification fi on ne lui donne pas un fupplément, en ce cas & autres femblables, le fupplément doit être regardé comme faifant partie intégrante du prix, par conféquent les Lods & Ventes en font dûs.

Il fe rencontre ici une difficulté : Si le Contrat de vente a été fait du

tems que Pierre étoit Seigneur du Fief
à cause duquel les Lods & Ventes
sont dûs, & que l'Acte de supplément
du juste prix se fasse lorsque Paul étoit
Seigneur de ce même Fief, le supplément a-t'il un effet rétroactif, c'est-à-
dire, les Lods & Ventes sont-ils dûs
à Pierre?

On peut faire la même question par
rapport à deux différens Fermiers du
Fief. Pierre étoit Fermier du tems du
Contrat, & Paul étoit Fermier du
tems de l'Acte de supplément : en
ces deux cas, la Jurisprudence des
Arrêts veut que le premier Seigneur
ou Fermier reçoive les Lods & Ventes
du Contrat, & que le second Seigneur
ou Fermier reçoive les Lods & Ventes du supplément, par la raison que
tot sunt stipulationes quot sunt summæ,
suivant la Loi 29. au *Digest. de ver-*
borum obligationibus.

A l'égard du Contrat d'échange,
s'il est fait en contr'échange d'une
rente constituée, ou sur le Roi, ou

sur un particulier, il n'est dû qu'un simple droit de Lods & Ventes au Seigneur de l'héritage échangé sur le pied du sort principal de la vente.

Dans les échanges où il y a de part & d'autre des héritages, rentes foncieres, ou autres droits réels, il est dû un double droit de Lods & Ventes, un pour l'héritage donné en échange, & un autre pour l'héritage, rentes foncieres, ou autres droits réels en contr'échange.

Si les héritages ou autres droits réels ainsi échangés sont situés en différens fiefs, chacun des Seigneurs ou des Fermiers de leurs Fiefs, prend un droit pour l'héritage, rentes foncieres ou droits réels, situé dans sa mouvance.

Dans le cas de l'échange d'héritages contre héritages, rentes foncieres, ou autres droits réels, les Lods & Ventes se reglent sur le pied de la valeur des choses échangées. Ordinairement les Parties font cette esti-

mation par le Contrat d'échange,
mais si elle est trop foible, le Seigneur
ou son Fermier peuvent faire une autre estimation à l'amiable avec les
Parties, ou si cela ne se peut, ils feront faire cette estimation par les Juges des lieux, sur l'avis des Experts
convenus par les Parties, ou nommés
d'office par les Juges.

Mais aux dépens de qui se fera cette
estimation ?

La question est bien aisée à décider : si les débiteurs des Lods & Ventes s'en tiennent à l'évaluation portée
par leur Contrat, ou qu'ils ayent porté plus haut cette évaluation, & que
les Seigneurs, ou leurs Fermiers,
n'ayent pas voulu se tenir ni à l'une
ni à l'autre, ceux qui succomberont
seront condamnés aux dépens ; c'est-
à-dire, si les offres des débiteurs sont
trouvées insuffisantes par les Experts,
les permutans seront condamnés aux
dépens, dans lesquels entreront les
frais de l'estimation. Si au contraire

l'eſtimation des Experts ne va pas plus
haut que l'évaluation portée par le
Contrat d'échange, ou l'évaluation
plus forte faite depuis par les coper-
mutans, alors le Seigneur ou ſon Fermier ſeront condamnés aux dépens &
frais du Procès-verbal d'eſtimation,
pour avoir conteſté mal-à-propos.

Si l'héritage eſt chargé d'une rente,
il faut diſtinguer : ou la rente eſt fonciere non-rachetable, ou bien elle eſt
rachetable, ou ſimplement hipotéquaire & conſtituée, & par conſé-
quent rachetable ; au premier cas,
c'eſt-à-dire, ſi l'héritage échangé eſt
chargé d'une rente fonciere non-
rachetable, il ſaudra pour faire l'eſtimation aux fins d'arbitrer les Lods &
Ventes, déduire le principal de cette
rente ; & au ſecond cas, c'eſt-à-dire,
ſi la rente eſt rachetable, ſoit qu'elle
ſoit fonciere ou hipotéquaire, on ne
ſera aucune déduction, parce que le
fond de cette rente eſt ſujet aux Lods
& Ventes, comme faiſant partie du
prix du Contrat.

BAUX A RENTE.

L Orsqu'un héritage est donné & transporté, à la charge d'une rente fonciere annuelle & perpétuelle & non amortissable, soit que cette rente soit payable en argent, grains ou volailles, il n'est point dû de Lods & Ventes pour ce Contrat, c'est le droit commun du Royaume, suivant tous les Commentateurs de la Coutume de Paris sur l'Art. LXXXVII.

Si outre cette rente fonciere non-rachetable, il y a dans le Contrat une somme d'argent baillée au vendeur, ou promise dans un certain tems, l'acquereur payera les lods & ventes à proportion de l'argent payé ou promis, c'est encore le droit commun du Royaume.

Si par le Contrat de Bail à rente, le preneur s'est obligé de faire des réparations ou augmentations jusqu'à la concurrence d'une certaine ſomme, il n'eſt pas dû de lods & ventes pour cette obligation, parce que cela n'entre point dans la bourſe du bailleur de fonds. Si par la ſuite le bailleur à rente vend cette rente, l'acquereur de cette rente en payera les lods & ventes.

A l'égard des Baux à rentes rachetables, ils ſont ſujets à lods & ventes; ces lods & ventes ſont dûs dès le moment que le Contrat eſt paſſé, ſans attendre le tems ſtipulé & accordé pour faire le rachat de la rente; ces lods & ventes ſe prennent ſur le pied du ſort principal de la rente.

Si le bailleur à rentes rachetables céde & tranſporte cette rente, l'acquereur n'en doit point les lods & ventes, parce qu'alors il ne tranſporte qu'une ſomme d'argent. Mais ſi la rente rachetable, au terme du Contrat, devient non-rachetable par preſcription de 30 ans entre majeurs, alors, ſi le propriétaire de cette rente la vend & tranſporte, il en eſt dû les

lods & ventes par les principes ci-
dessus établis.

En termes généraux, si le Contrat
est résolu, cassé & annullé faute d'exécution, il n'est dû aucun droit de lods
& ventes, si l'on casse le Contrat pour
une cause inhérente au Contrat : mais
si la résolution s'en fait pour une cause survenue de nouveau & volontaire,
alors les lods & ventes en sont dûs.

Il est dû des lods & ventes pour la
licitation faite entre copropriétaires,
lorsque c'est un étranger qui achete ;
mais si ce sont les collicitans, il n'est
rien dû au Seigneur du Fief.

Il n'est point dû de lods & ventes
pour un Bail emphitéorique, il n'en
est point dû non plus pour l'exponse
ni pour le déguerpissement, pourvû
que cela se fasse sans fraude.

Il n'en est point dû aussi pour la
vente des bois de haute futaye, faite
sans fraude.

Lorsqu'on est obligé d'acheter un
fonds pour l'utilité du public & la dé-
coration

coration d'une Ville, il n'eſt point dû
de lods & ventes, mais il eſt dû une
indemnité.

DES QUINTS.

Par la Coutume de Paris, Article
LXXIII. les lods & ventes ſont
dûs pour les acquiſitions des choſes
cenſives. Ce droit eſt la douzieme partie du prix du Contrat, ſuivant l'Article LXXVI. mais à l'égard des fiefs
ou héritages hommagés, le Seigneur
féodal prend la cinquieme partie du
Contrat, ce qu'on appelle le Quint,
Art. XXIII.

Dans les cas exprimés ci-deſſus,
où il eſt dû des lods & ventes pour les
cenſives, il eſt dû le Quint pour les
Fiefs & choſes hommagées; il y a
une exception, c'eſt lorſque le Vaſſal
diſpoſe, comme il le peut, des héritages, rentes, ou cens de ſon Fief,
& qu'il en retient la foi entiere avec

Premiere Partie.   E

quelque droit domanial fur ce qu'il aliéne. Dans ce cas, fi l'aliénation n'excéde point les deux tiers, il n'eft dû aucun profit au Seigneur dominant, parce que la rétention de foi fait qu'il n'y a point de changement de Vaffal pour ce qui eft aliéné, non plus que pour ce qui eft retenu. Cette faculté eft donnée par l'Article LI. de la Coutume de Paris. Les Coutumes de Senlis, Art. CCIV. & CCLII. de Clermont, Art. XCVI. de Valois, Art. L. & plufieurs autres, ont les mêmes difpofitions.

Mais lorfque le Vaffal vend une partie de fon Fief fans les conditions portées par la Coutume, l'acquereur en doit le Quint au Seigneur.

Si le Vaffal vend fon Fief, en s'en retenant l'ufufruit, le Quint eft dû au Seigneur, non feulement du prix de la vente, mais encore de l'eftimation de l'ufufruit, parce que la rétention d'ufufruit fait partie du prix du Contrat, & que le Fief auroit été vendu

plus cher sans cette rétention d'usufruit. Cette décision est encore fon-
dée sur ce qu'il ne sera rien dû au Seigneur, lorsque par le décès de l'usufruitier, cet usufruit se réunit à la propriété.

Si le mari vend le Fief de sa femme, avec promesse de lui faire ratifier, le Quint n'est dû qu'après la ratification. C'est le sentiment de Dumoulin sur l'Art. XXXIII. de la Coutume de Paris.

Un débiteur fait donation de son
Fief à son créancier, qui de son côté
lui remet sa dette en reconnoissance
de la donation : en ce cas, est-ce un
rachat qui est dû au Seigneur dominant, ou un droit de Quint ?

Il faut distinguer : si le tout se fait par
le même Acte, ou par un acte séparé,
mais fait le même jour, il est dû un droit
de Quint au Seigneur : mais si la remise de la créance se fait un tems considérable après la donation, & sans
aucun changement précédent, il n'est

point dû de Quint au Seigneur. C'eſt
le ſentiment du même Dumoulin à
l'endroit ci-deſſus cité.

DU RETRAIT FEODAL.

LOrſque le Vaſſal a vendu ſon
Fief, le Seigneur le peut retirer
dans quarante jours, après que l'acquereur lui a notifié la vente, ou lui
a exhibé ſon Contrat, & qu'il lui en
a donné copie. C'eſt la diſpoſition de
l'Art. XX. de la Coutume de Paris,
qui fait le droit commun du Royaume, à quelque différence près, ſelon
la diſpoſition des Coutumes.

Le Roi peut uſer de Retrait féodal.
C'eſt le ſentiment de Brodeau, de Ca-
rondas & de Guerin ſur la Coutume
de Paris.

Il en eſt de même des Princes qui
tiennent des Terres & Seigneuries de
la Couronne en appanage.

Les Engagiſtes n'ont pas le même

avantage, s'il n'eſt compris dans l'Acte d'engagement par une clauſe expreſſe, ou qu'ils n'ayent obtenu des Lettres Patentes à cet effet, ſi cette clauſe manque dans l'Acte d'engagement.

Les Eccléſiaſtiques peuvent auſſi retirer les choſes hommagées qui ſont vendues dans leurs Fiefs, en obſervant les Ordonnances Royaux à cet égard, pour l'indemnité, ou pour vuider leurs mains.

Le Retrait féodal eſt ceſſible, lorſque le Contrat d'acquiſition n'a point été notifié au Seigneur. L'action du Retrait féodal dure trente ans.

Si le Seigneur a reçu le Quint pour la vente du Fief mouvant de lui, il ne peut plus uſer du Retrait féodal. Le Retrait cenſuel n'a point lieu en la Coutume de Paris.

GENS DE MAIN-MORTE.

Lorsqu'un Fief vient aux Gens de main-morte ou Communauté, soit par acquisition, donation ou autrement, le Seigneur a droit de leur en faire vuider leurs mains, ou de prendre ses droits féodaux.

S'il leur fait vuider leurs mains, ils ne doivent aucun droit : mais s'il leur laisse le Fief, outre les droits de Quint, ils lui doivent un droit d'indemnité, & l'homme vivant & mourant. Ce droit d'indemnité est porté au tiers du prix du Contrat, ou de la valeur du Fief, & au cinquieme pour les roturiers.

Au décès de l'homme vivant & mourant, la foi & hommage & le relief ou rachat sont dûs au Seigneur. Le droit d'indemnité appartient en entier au Seigneur féodal, s'il est Haut-Justicier ; mais s'il ne l'est pas,

il en appartient un dixiéme au Seigneur Haut-Justicier, ainsi qu'il a été
reglé par l'Arrêté du Parlement du 8
Mars 1692. rapporté par le Maître
sur la Coutume de Paris, Titre premier, Chap. 10.

DU RELIEF OU RACHAT.

IL s'agit ici d'examiner ce que c'est
que Relief ou Rachat, en quoi il
consiste, & qui doit le payer.

Le Relief ou Rachat est une année de revenu du Fief ou chose hommagée.

Lorsque le revenu du Fief est certain, uniforme & constant par le Bail
ou autrement, on doit s'en tenir là:
mais s'il en est autrement, on le fait
estimer par Experts; ou bien le Vassal qui doit le Relief, offre une somme au Seigneur. Tout ceci est conforme à l'Art. XLVII. de la Coutume de Paris, qui dit en termes exprès,

que droit de Relief est le revenu du Fief d'un an, ou le dire de Prud'hommes, ou une somme pour une fois offerte de la part du Vassal, au choix & élection du Seigneur féodal. Cet Article fait le droit commun du Royaume, & le Seigneur a le choix de ces trois choses. Cependant, si le revenu du Fief est certain & uniforme, comme il vient d'être dit, le Vassal ne doit point offrir autre chose. C'est le sentiment de Dumoulin sur cet Art. XLVII.

Mais lorsque le revenu du Fief ou de la chose hommagée n'est pas certain, le Vassal qui fera les trois offres, doit offrir au Seigneur une somme raisonnable & proportionnée à la valeur du revenu d'une année ; parce que si le Seigneur refuse la somme offerte pour trop modique, le Vassal doit payer les frais de l'estimation des Prud'hommes, lorsque la somme qu'il a offerte se trouve moindre que l'estimation.

De même les frais de l'estimation tombent sur le Seigneur, lorsque l'estimation ne se trouve pas plus forte ; avec d'autant plus de raison, que lorsque le Seigneur a fait son option, il ne peut plus varier. Or, pour faire option par le Seigneur, c'est-à-dire, ou du revenu du Fief d'un an, ou le dire des Prud'hommes, ou une somme pour une fois offerte, le Seigneur a quarante jours, à compter des offres du Vassal, pour délibérer lequel des trois il acceptera. Si le Seigneur ne fait pas son option dans les quarante jours, cette option est transférée au Vassal ; mais il faut une Sentence qui la lui adjuge.

Quand est-ce que ce droit de Relief ou Rachat est dû ?

En termes généraux, le Relief ou Rachat est dû aux mutations du Vassal ; mais il n'est pas dû à toutes mutations. Lorsqu'un Fief échet par succession directe, soit des ascendans ou des descendans, le nouveau Vassal ne

doit que la foi & hommage ſans Relief ; il faut excepter les Fiefs qui ſe
gouvernent ſuivant le Vexin François,
où le Relief ſe paye à toutes mutations, mais en cas de vente, au lieu
de Quint.

Un mari meurt ſans enfans ; par le
partage des biens de la Communauté,
ce qui échéra au lot de la femme eſt
exempt de Relief, eût-elle l'uſufruit
entier. Mais ſi un Fief, ou partie du
Fief tombe dans le lot des héritiers
collatéraux du mari, ils en devront
un Relief au Seigneur.

Si la femme renonce à la communauté, & que pour ſes repriſes il lui
échoie un Fief de communauté, elle
ne devra point de Relief : mais s'il lui
tombe un Fief venant des propres du
mari, elle devra, non un droit de Relief, mais un droit de Quint, parce
que cette repriſe eſt un acte équipo-
lent à vente.

Lorſque par le Contrat de mariage
la femme a ameubli un Fief, le mari

doit au Seigneur de Fief un droit de Relief pour cet ameublissement, parce qu'en vertu de cette clause, il peut disposer du Fief comme de choses tombées en la communauté.

Mais si pendant le mariage il n'en dispose point, & que ce Relief retourne à la femme qui l'avoit ameubli, soit en vertu d'une clause de reprise, soit par le partage des biens de la communauté, il n'est dû aucun droit au Seigneur pour ce retour, quand même il n'y auroit point d'autres biens dans la communauté que l'héritage ameubli, & qu'elle payeroit en argent la part des héritiers du mari.

Il n'est point dû de relief pour la renonciation faite par quelques-uns des enfans à la succession de leurs peres, meres, ayeuls ou ayeules. Il en est de même en succession collatérale.

Cependant, si on donnoit aux renonçans quelque chose qui ne fût pas de la succession, il seroit dû un Re-

lief pour la renonciation. Cette décision résulte de la disposition de l'Article VI. de la Coutume de Paris, &
d'un Arrêt du 25 Avril 1673. rapporté par le Maître, Titre 1. Chap. 2.
Sect. 1.

Il n'est pas dû de Relief pour la
donation des ascendans aux descendans. C'est la disposition de l'Article
XXVI. de la Coutume de Paris.

Un aîné donne a son puîné un Fief
de la succession de leur pere, au lieu
d'une somme de deniers de laquelle
leurdit pere avoit ordonné par son
testament que ce puîné se contente-
roit : est-il dû au Seigneur du Fief un
droit de Relief pour cette donation ?

Jugé par Arrêt *du premier Août*
1579. qu'il n'en étoit dû aucun droit
au Seigneur féodal. Cet Arrêt est rapporté par Fortin sur l'Art. XXVI. ci-
dessus cité de la Coutume de Paris.

De même jugé par deux Arrêts rapportés par idem, des 23 *Août* 1576.
& 12 *Mai* 1559. qu'un frere aîné

ayant donné à sa sœur un Fief pater-
nel pour la somme qui lui avoit été
promise en mariage, le Seigneur n'en
pouvoit prétendre aucun droit. Il n'est
rien dû non plus pour les donations
faites par les descendans aux ascendans.

Le Relief est dû pour les Fiefs donnés aux bâtards, quoique légitimés
par rescrit du Prince.

En collatérale, l'héritier de l'héritier qui n'a pu appréhender la succession, & qui n'y a pas renoncé, doit
un double Relief. De même, lorsque
l'héritier céde la succession à celui
qui le suit, il est dû un double Relief.
Il n'est point dû de Relief pour la révocation d'une donation pour cause
d'ingratitude ; mais le Relief est dû
pour la donation. Ces deux décisions
ont lieu, lorsque la révocation se fait
par survenance d'enfans.

Il n'est point dû de Relief au Seigneur féodal, lorsque l'Acte d'échange & contr'échange se résoud pour
lésion d'outre moitié.

Lorfqu'un Fief eſt ſubſtitué par un aſcendant ou collatéral, ou par un étranger, il eſt dû Relief à chaque mutation de degré en collatérale.

S'il arrive dans la même année pluſieurs ouvertures au Relief, il n'en ſera dû qu'un.

Les filles ne doivent point de Relief pour les Fiefs qui leur viennent de ſucceſſion directe à cauſe de leur premier mariage ; mais ſi elles ſe remarient, les autres maris devront Relief.

Si pendant le premier ou autre mariage, un Fief échet à la femme en ligne directe, il n'eſt point dû de Relief : ſi le Fief lui échet en ligne collatérale avant qu'elle ſoit mariée, eſt dû Relief à tous ſes mariages : mais ſi pendant l'un deſdits mariages un Fief lui échet en ligne collatérale, il ne ſera dû qu'un ſeul droit de Relief.

Si la communauté eſt excluſe par le Contrat de mariage, & qu'il ſoit ſtipulé que la femme aura la libre adminiſtration de ſes biens, il n'eſt point dû de Relief en ſucceſſion directe, mais il en ſera dû en ligne collatérale. La femme veuve ne doit point de Relief pour ſon douaire, ni pour la garde-noble ou bourgeoiſe.

Lorſque la mutation arrive de la part du Seigneur ſeulement, il n'eſt point dû de Relief ſuivant l'Article LXVI. de la Coutume de Paris, qui fait le droit commun du Royaume, s'il n'y a par quelques Coutumes des diſpoſitions contraires.

Lorſqu'en ligne collatérale les héritiers du vendeur, à faculté de réméré, retirent le Fief, ils doivent un Relief.

Lorſque deux Vaſſaux échangent leurs Fiefs, il eſt dû Relief pour l'un & l'autre Fief, ſoit qu'ils relevent du même Seigneur, ou de Seigneurs différens.

Il eſt dû Relief pour la donation à cauſe de mort, lorſque le donataire eſt mis en poſſeſſion du Fief : mais ſi le donateur révoque la donation , le Seigneur est tenu de rendre le Relief , s'il l'a reçu.

C'est au propriétaire à payer le droit de Relief , à la décharge de l'usufruitier ; & si le Seigneur choisit le revenu d'une année en espéces , le propriétaire doit en indemniser l'usufruitier. Il en est de même de la veuve douairiere , que le propriétaire doit acquitter du droit de Relief.

Ce droit de Relief , aussi-bien que tous les autres droits utiles , se prescrivent par trente ans , s'il n'y a saisies ou instances pour raison d'iceux. C'est la disposition de la Coutume de Paris , Art. XII. La minorité suspend aussi la prescription, dit Dumoulin sur cet Article.

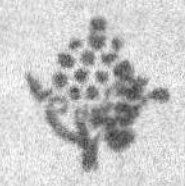

DES CENSIVES.

LE Cens est une redevance sei-
gneuriale, fonciere, annuelle &
perpétuelle, dont l'héritage censive
est chargé envers le Fief, ou le franc-
aleu dont il est mouvant. Le Seigneur
censier peut faire procéder par voie
de saisie sur les fruits pendans en l'héritage chargé du Cens, pour les arrérages qui lui en sont dûs, & y établir
un Commissaire, même ceux qui sont
coupés & engrangés, pourvû qu'ils
n'ayent point été transportés hors du
Fief; & tout cela se doit faire en vertu d'une Commission du Juge du Seigneur, s'il a Justice, ou du Juge ordinaire s'il n'en a point. Il n'est pas
besoin de commandement avant de
saisir.

On ne peut saisir que les fruits de
l'héritage sujets au Cens, non les fruits
des autres héritages des débiteurs, à

moins qu'il n'y ait une condamnation, ou que les cenfitaires n'ayent
obligé leurs autres biens au Cens, foit
par le contrat originaire, ou par un
titre nouvel; & encore, en ce dernier
cas, fi le Seigneur faifoit faifir les
fruits des autres héritages, il n'auroit
aucune préférence fur les autres créanciers des cenfitaires.

On peut faire faifir, non feulement
pour arrérages du Cens, mais encore
pour arrérages des rentes foncieres.
Si le propriétaire d'héritages s'oppofe
à la faifie, il doit avoir main-levée par
provifion, en confignant trois années
du Cens, fuivant l'Art. LXXV. de la
Coutume de Paris, à laquelle les autres Coutumes font conformes, à
quelque différence près.

Mais fi le propriétaire rapporte une
quittance des trois dernieres années,
il doit avoir main-levée pure & fimple.

Le droit du Cens eft tellement
réel, que tout poffeffeur de l'héri-

tage en conséquence duquel il est dû,
est tenu de tous les arrérages, même
de ceux échus avant sa détention, sauf
son recours; ce qui s'observe même à
l'égard d'un pourvû à un Bénéfice *per
obitum.*

En la ville & banlieue de Paris, il
est permis au Seigneur, suivant l'Article LXXXVI. de faire procéder
pour trois années de Cens, & au-
dessous, par voie de saisie-gagerie, sur
les biens qui sont dans les maisons,
c'est-à-dire, les saisies sans transport.
Ceci s'entend des meubles appartenans aux propriétaires, car la gagerie
n'a pas lieu sur les meubles des locataires. Il y a deux Arrêts cités par
Fortin qui l'ont jugé : mais le Seigneur peut faire saisir les loyers, s'il
n'y a que des locataires qui occupent
la maison.

Pour faire des saisies, il faut avoir
une Commission du Juge, dans laquelle soient rapportées les dernieres
déclarations des censitaires.

C'est ici le lieu de donner un modéle d'une Déclaration censive.

DÉCLARATION CENSIVE.

PArdevant Nous........a comparu P...........demeurant à......lequel a réconu & confessé être sujet & censitaire de M.......à cause de tel.......son Fief, pour raison des héritages dont déclaration s'ensuit.

1°. Une maison, cour & jardin, avec les issues qui en dépendent, appellée..... située à.........contenant....arpens, joignant d'un côté à.......d'un autre à......d'un bout à.......d'un autre bout à.......

Item, une piéce de terre labourable, appellée.........contenant.......arpens, joignant, &c......pour raison de quoi, ledit P...... a reconnu devoir, chacun an, à la recette de cette Seigneurie, au terme S. Remi, ou la Toussaints, &c. sols & une poule de cens & devoir fodal.

Item, 4 *arpens, ou autres, de vignes,
lieu dit à* . . . . . . *joignant, &c. pour raison de quoi ledit P* . . . . . *a reconnu* . . . . . .
qui sont tous les héritages que ledit P . . . .
*a déclaré posseder dans la mouvance cen-
sive de cette Seigneurie, dont il a rendu la
présente Déclaration, à laquelle il a fait
arrêt, & aux devoirs y contenus, dont il
s'est obligé de payer en deniers ou quittances valables, 29 années d'arrérages échus
au terme dernier, sans préjudice des présentes, si aucunes sont dûes par Jugement
ou autres titres, les servir & continuer à
l'avenir, dont nous l'avons jugé, &c.*

Il faut faire contrôler cette Déclaration.

Si le censitaire a quelques titres à
exhiber, comme Contrat d'acquisitions, donations, partages, échanges,
&c. l'Acte s'en fera en tête de la Déclaration, ou par un Acte séparé, selon l'usage des lieux. Mais nous con-
seillons toujours de faire ces exhibitions sur un Acte séparé.

ACTE D'EXHIBITION.

PArdevant Nous........ a comparu
N..... lequel a exhibé un Contrat d'acquisition par lui fait de J....... passé
devant..... Notaire à....... le.....
par lequel il a acquis dudit J...... une
maison, cour, jardin, &c. appellée......
située à...... contenant...... arpens,
joignant, &c...................
  Item.................
  Item.................
pour & moyennant la somme de........
à raison de quoi il offre payer au Seigneur
de cette Terre & Seigneurie, ou le quint,
ou les lods & ventes, &c. & d'en donner
déclaration aux cens ordinaires, en lui
communiquant les anciennes obéissances de
ses prédécesseurs, dont nous l'avons jugé.

Cet Acte n'est point sujet à contrôle.
On peut mettre dans cet Acte tout ce
qui se passe alors entre le Sujet & le
Seigneur, ou ses Officiers : par exemple, après qu'il a demandé commu-

nication des anciennes obéissances de ses auteurs, on peut y ajouter :

Ce que nous lui avons accordé ; & lui avons présentement représenté & communiqué, sans déplacer, trois pieces.

La premiere est une Déclaration censive rendue à cette Seigneurie le. . . . . . par . . . . . . pour raison de . . . . . . la seconde. . . . . . la troisiéme, &c. . . . .

Le Cens emporte & dénote la Seigneurie directe. De droit commun il est imprescriptible. Telle est la disposition de la Coutume de Paris, Article CXXIV. qui a été étendue aux autres Coutumes qui n'ont point de dispositions contraires.

Voilà les principes généraux de la Matiere Féodale, nécessaires à un Commissaire à Terrier.

Pour les mettre en pratique & bien faire un Terrier, il faut commencer par faire un inventaire de tous les titres de la Seigneurie, & les bien détailler, faire à la fin une table alphabétique.

Cette Table alphabétique ne suffit pas; il faut que le Commissaire à Terrier s'en serve pour faire un état de tous les droits tant utiles qu'honorifiques, & en général de tous les devoirs de la Terre.

On employe d'abord la consistance du Domaine.

Châteaux..maisons.....cours..... jardins.....vergers....garennes.... colombiers..étangs....métairies..... vignes...haute-futaye....Taillis, &c.

Ensuite on établit les droits généraux, comme les droits de *Guets & Gardes*, le nombre des *Paroisses* qui *sont sujettes à la Justice......les droits d'aubaine...de tailles....de Corvées... servitudes.....mortailles.....abonnemens.....affranchissemens......confiscations de poids & mesures....ban de vendanges...pressoir bannal..droit de voirie...de chasse...de banvin...de foires & marchés...,de grueries...de pêche...*

de

de port & passage....de péage....de pâcages & communes, & généralement
tous autres droits. Le tout scrupuleusement, & suivant les titres du Seigneur,
& non autrement.

Après suit, par ordre alphabétique,
l'état des *terres*...*seigneuries*...*fiefs*...
maisons...*prés*...*vignes*...*bois*, &c.
qui relevent à foi & hommage du Seigneur, avec les droits de *quint*, *chambellage*, &c,

De-là on passe aussi, par ordre alphabétique, à l'état des *maisons*....
terres...*jardins*....*prés*...*vignes*...
bois, &c...qui relevent censivement
de la Seigneurie dont on veut faire le
Papier Terrier, avec les droits de
champart...*cens*...*rentes*, &c.

FORMULE D'UN ARTICLE
qui servira pour tous les autres.

AUBRIERE.

Jacques Afforti......modò *Nicolas*
demeurant à......par acquisition (ou

par succession ou autrement).......
*pour une maison, cour, jardin, nommée
l'Aubriere, sise à......le tout joignant,
&c......de foi & hommage (3 sols 4
deniers) de cens. Cet article est justifié
par l'Acte de foi & hommage fait par Jacques Assorti, le.......cité en notre inventaire, page.....par un aveu rendu
par......le.....cité en l'inventaire,
page....*

Si les titres sont cottés par premiere & derniere, ou sous des lettres, on
les mettra aussi.

Si c'est un article de censive, on
mettra : *Cet article est justifié par déclaration de.....du quantiéme.....cotté
sous la lettre* M. *& cité en notre inventaire, page....
Par telle autre déclaration, &c.....*

Enfin mettre à cet endroit toutes
les preuves qui suivent des titres in-
ventoriés.

Il faut surtout s'appliquer à bien

moderniſer les confrontations des terres par joignans & aboutiſſans, & les
poſſeſſeurs actuels, auſſi-bien que ceux
qui ont des rentes foncieres ſur les
héritages qui relevent de la Seigneurie.

Fin de la premiere Partie.

AVIS.

POUR rendre les principes que nous venons de donner sur les Matieres féodales, & les modeles d'Actes à faire pour parvenir à la confection d'un Papier Terrier, plus sensibles, nous avons cru devoir terminer cet ouvrage par les Reglemens que le Roi a fait en différens tems sur cette matiere, soit pour le Terrier de la Ville de Paris, soit pour celui de tous ses Domaines en général. Nous avons mis les uns par extrait, les autres en entier, suivant qu'ils nous ont paru plus ou moins nécessaires & importans.

ANALYSE
DES REGLEMENS
CONCERNANT
LES TERRIERS
DU DOMAINE DU ROY.

SECONDE PARTIE

TERRIER DE LA VILLE DE PARIS.

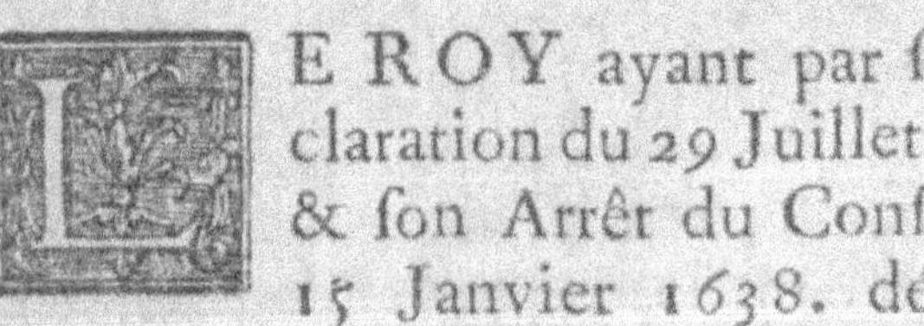

E ROY ayant par sa Déclaration du 29 Juillet 1627.
& son Arrêt du Conseil du 15 Janvier 1638. défendu
de bâtir hors les portes, ni même au dedans de la Ville de Paris, à moins

II. Partie.   G iij

que ce ne fût pour rétablir des bâtimens qui s'y trouvoient faits d'an-
cienneté , à peine contre tous Mâ-
çons, Charpentiers, & autres Artifans
qui entreprendroient lefdits ouvra-
ges, même ceux qui y travailleroient,
de 1500 liv. d'amende, & du fouet
pour ceux qui ne pourroient les payer ;
ordonné que par les Tréforiers de
France , & en préfence des Prevôt
des Marchands & Echevins de la Ville de Paris, il feroit planté des bornes, au-delà defquelles, perfonne, pour
quelque caufe & quelque raifon que
ce fût, ne pourroit bâtir fans permif-
fion expreffe de Sa Majefté, portées
par fes Lettres Patentes fcellées du
grand Sceau, & regiftrées au Bureau
defdits Tréforiers de France & pardevant le Prevôt de Paris; & par autre
Arrêt du 4 Août 1638. réglé les endroits où il feroit pofé des bornes, en
renouvellant les défenfes de bâtir au-
delà , à peine de trois mille livres d'a-
mende , de la démolition defdits bâti-

mens, de la confiscation des matériaux, terres & héritages, pour être lesdites terres & héritages mises au Domaine de Sa Majesté : Ordonna par Lettres Patentes du 31 Décembre 1641. adressées à la Chambre du Trésor à Paris, & regiſtrées à ladite Chambre le 27 Janvier 1642.

Qu'à la diligence du Procureur du Roi de ladite Chambre, il feroit publié à son de trompe & cri public, même aux Prônes des Paroiſſes, & affiché partout où besoin feroit, que tous ceux qui au dedans de la Ville, Prevôté & Vicomté de Paris (tant Eccléſiaſtiques que Séculiers fans nul excepter) poſſedent quelques fiefs, censives & autres droits & héritages, ayent à mettre entre les mains de fondit Procureur, dans un mois après lesdites publications & affiches, les déclarations au vrai & par le menu, avec les charges & redevances, à quel titre, & à raiſon de quelle Seigneurie, avec les noms & qualités des anciens propriétaires, tant qu'ils pourront être trouvés : lesquelles déclarations feront paſſées au Greffe dudit Tréſor, ou pardevant les Notaires du Châtelet, ſuivant l'Arrêt de la Cour du premier Juin

G iiij

1623. Qu'ils ayent pareillement à exhiber
à sondit Procureur, dans un autre mois après
qu'ils auront fourni leurs déclarations, les
actes de foi & hommage, les aveux & dénombremens, les contrats de leurs acquisitions, partages & autres titres, avec les
quittances des droits & devoirs par eux
payez, pour connoître tant de la qualité de
leurs possessions, que de la nature & quantité desdits droits & devoirs. Que tous Notaires, Greffiers, & autres personnes publiques ayent semblablement à communiquer à
sondit Procureur, dans quinzaine après le
commandement qui leur en sera fait à sa requête, leurs registres, notes, minutes, &
autres instrumens servans à la justification de
ses droits, & lui en fournir, si besoin est,
des copies duement collationnées sur les originaux. Faute de satisfaire aufquelles déclarations, exhibitions & communications (lesdits tems passés) sera procédé à la requête
de sondit Procureur, par saisie des possessions particulieres, dont ne sera baillé aucune main-levée, jusqu'à ce que les propriétaires ayent pleinement obéi & payé les frais
pour ce dûs : & sera de plus procédé à l'encontre d'eux & desdites personnes publiques, par condamnations d'amendes arbi-
traires, qui feront exécutées nonobstant op-

positions ou appellations quelconques, &
sans préjudice d'icelles. Qu'il soit aussi procédé, comme dessus, à l'exacte recherche
des entreprises & usurpations faites sur aucunes portions de son Domaine, en quelque
maniere que ce soit, réunissant au corps d'i-
celui tout ce qui se trouvera en avoir été ci-
devant distrait & démembré sans titre valable, avec restitution de fruits. A cette fin,
seront faites à la même requête les informa-
tions nécessaires ; ordonné du mesurage des
Lieux ; & où il s'y trouveroit du desordre, les
anciennes bornes rétablies ; & où il n'y en
auroit eu aucunes, nouvelles posées, y ap-
pellant les propriétaires des héritages voisins. Sera aussi procédé par saisie des héritages, lesquels par les anciens comptes du
même Domaine, se trouvent chargez de
quelques redevances envers Sa Majesté, dont
néanmoins il ne se fait plus de recette, sous
prétexte de certains procès anciens, sans
qu'il en soit fait main-levée qu'en connoissance de cause & par jugement définitif. En
cas d'opposition, refus, délai, ou contredits,
pour toutes les choses dessus dites, seront
les opposans, refusans, dilayans ou contre-
disans, appellés à certain jour à ladite Chambre du Trésor, pour répondre aux requêtes,
demandes & conclusions de sondit Procureur ; & sera passé outre au jugement des

inſtances pour raiſon de ce, juſques à Sentence définitive incluſivement, laquelle, attendu ce dont il s'agit, pourra être exécutée nonobſtant oppoſitions ou appellations
quelconques, & ſans préjudice d'icelles. Et
où aucuns procès pour raiſon des mêmes
choſes ſuſdites, ſeroient de préſent pendans
en premiere inſtance pardevant autres Juges (à la réſerve toutefois de ſes Cours ſou-
veraines) Sa Majeſté les a évoqué & évoque
à Elle & à ſa Perſonne ; & iceux, avec leurs
circonſtances & dépendances, renvoyé pardevant ledit Tréſor, en quelque état
qu'ils ſoient, pour y être vuidés & terminés
comme les autres. Et d'autant qu'en procédant à la pourſuite & confection dudit Terrier, l'on pourra découvrir quantité de
quints, requints, rachats, lods, ventes, &
autres droits tant recelés qu'uſurpés, Veut
Sa Majeſté, que par le plus ancien des Receveurs de ſon Domaine, la recette en ſoit
faite ; comme auſſi des amendes d'un écu
un quart, faute de dépri dans les vingt jours
ſuivant la Coutume, pour en être les deniers
employez premierement & avant toutes choſes aux frais de la Commiſſion, & le reſte au
rachat de ſon Domaine aliéné, & ſans qu'il
en puiſſe être ci-après fait aucun don, remiſe ou divertiſſement : lequel Terrier ſera
par ledit Tréſor, avec ledit Procureur

du Roi, dreſſé & diſpoſé par rues, quartiers & détroits, ſelon la forme dés anciens, le plus diſtinctement & intelligiblement que faire ſe pourra; & d'icelui fait quatre expéditions, l'une pour demeurer au Greffe dudit Tréſor, l'autre au Parquet dudit Procureur du Roi, la troiſiéme pour être dépoſée en la Chambre des Comptes, & la quatriéme au Tréſor de ſes Chartres. Seront miſes & demeureront au Greffe dudit Tréſor toutes & chacunes les déclarations par liaſſes & ſelon l'ordre dudit Terrier; & ſeront ſoigneuſement conſervées, pour y avoir recours à l'avenir quand beſoin ſera, & dont ledit Terrier ſervira comme d'inventaire ou contrôle. De ce faire, &c.

Ces Lettres Patentes n'eurent pas leur entiere exécution; & le Roi voulant que le Papier Terrier de la Ville, Prévôté & Vicomté de Paris fût achevé, il en ordonna l'exécution par Arrêt de ſon Conſeil du 28 Décembre 1666. adreſſé à la Chambre du Tréſor, & fit en conſéquence le Reglement ci-après.

REGLEMENT QUE LE ROI

en son Conseil veut être observé pour la confection d'un nouveau Papier Terrier, de ce qui est mouvant & dépendant de ses Domaines en l'étendue des Ville, Prevôté & Vicomté de Paris, anciens Ressorts & Enclaves d'icelle, ordonné par Sa Majesté être fait suivant l'Arrêt du Conseil de cejourd'hui.

LEs Officiers de la Chambre du Trésor à Paris feront, à la requête du Procureur de Sa Majesté en icelle, mettre & apposer des affiches par tous les lieux & endroits publics que besoin sera, pour advertir tous les particuliers detempteurs & possesseurs des Seigneuries, maisons, héritages, terres, prez, bois, isles, islots, péages, travers, bacs, batteaux, passages, pescheries, paluds, rivieres, estangs, usages, pannages, minages, mesurages, hallages, estallonnages, coustumes, voiries, boucheries, places, rives, & autres biens & droits généralement, tant en fief qu'en roture, franc-aleu noble ou roturier, de quelque nature

qu'ils soient, dépendans & relevans desdits
Domaines, tant engagez que non engagez,
ayent à passer dans le tems qui leur sera prescrit & limité par lesdits Officiers, pardevant
les Notaires qui seront pour ce commis,
leurs déclarations & reconnoissances nécessaires pour la confection dudit nouveau Papier Terrier : sçavoir,

Tous Seigneurs généralement, de quelque qualité & condition qu'ils soient, possedans Duchez, Comtez, Marquisats, Baronnies, Chastellenies, Terres, Seigneuries, & autres biens & droits nobles, mouvans & relevans à foi & hommage de Sa
Majesté à cause desdits Domaines, lesquels
en auront fait lesdits foi & hommage, fourni & fait recevoir leurs adveux & dénombremens en la Chambre des Comptes, comme ils sont obligez, passeront seulement
pardevant lesdits Notaires chacun une déclaration sommaire, contenant simplement
qu'ils sont propriétaires & détempteurs desdites Terres, Fiefs & Seigneuries ; avec laquelle ils fourniront des copies deuement
collationnées des actes desdits foi & hommage, adveux & dénombremens, & représenteront les quittances des droits Seigneuriaux & féodaux qu'ils en auront payez :
Et à l'égard de ceux qui n'auront encore

fait lesdits foi & hommage, fourni & fait recevoir leurs adveux & dénombremens, & payé les droits & devoirs Seigneuriaux & féodaux pour ce deubs, il y seront poursuivis en la maniere accoutumée : cependant ils passeront audit Terrier pardevant lesdits Notaires chacun une déclaration, contenant la consistance de leursdits Fiefs, Terres & Seigneuries & des Arriere-fiefs qui en relevent ; les droits de Justice, Censive, Voirie, & autres droits & privileges annexez à leursdites Terres : Déclareront les tiltres en vertu desquels ils les possedent, soit par succession, partage, donation ou acquisition ; à quels devoirs & services ils sont obligez : Et s'ils ont fait quelques aliénations & démembremens, ils en feront expresse mention, à quelles personnes & à quel titre ; Exprimeront les confins & limites de leursdits Fiefs, Terres & Seigneuries, avec les territoires voisins par nouveaux tenans & aboutissans.

Les particuliers propriétaires, possesseurs & détempteurs des maisons, places, héritages, & autres biens en roture tenus en censive, & directe des Domaines du Roi, tant de ceux qui sont en ses mains, que des Domaines engagez, passeront aussi chacun une déclaration contenant leurs noms & la confiſtance & qualité de leurs héritages, leurs tenans & aboutiſſans; de quelles cenſives, charges & redevances ils ſont chargez; & s'ils poſſedent pareillement leſdits héritages par ſucceſſion, donation ou acquiſition; & quels ſont leurs tiltres & contracts.

Les Engagiſtes des terres, maiſons, boutiques, eſchopes & places dépendans deſdits Domaines, parts & portions d'iceux, tant en fief qu'en roture, ſeront pareillement tenus de paſſer chacun leur déclaration concernant les noms & qualitez des Terres & Seigneuries, maiſons & héritages, parts & portions deſdits Domaines par eux poſſedez; exprimeront le prix de leurs engagemens, les charges dont ils ſont tenus, & les dattes des contrats d'engagement & quittances de finances.

Les particuliers qui poſſedent des maiſons, fermes, droits, & autres biens dépendans deſdits Domaines, par baux emphitéoſes à tems ou à vie, paſſeront auſſi leur déclaration, contenant la conſiſtance & qualité des choſes par eux poſſédées, leurs tenans & aboutiſſans; cotteront le temps & les conditions auſquelles les choſes leur ont été délaiſſées, & combien ils en doivent encore jouir.

Tous donataires de chaſteaux, maiſons,

héritages, places, isles, bacqs, batteaux, ponts, passages, péages, & autres droits & biens domaniaux généralement, soit qu'ils les tiennent en vertu de Lettres Patentes verifiées ou non, à quelque condition que ce soit, passeront semblablement leurs déclarations, contenant par le menu les choses par eux possedées, leurs situations, & la date de leurs Lettres de don, & Arrests de verification d'icelles.

Les particuliers possedans terres, seigneuries, maisons & heritages, tant en fief qu'en roture, lesquels prétendent les posseder en franc-aleu noble ou roturier, passeront pareillement leurs déclarations par tenans & aboutissans en la maniere susdite.

Toutes lesquelles déclarations ainsi passées pardevant lesdits Notaires, tous les susdits particuliers seront tenus, chacun à leur égard, d'en rapporter une expedition en grosse & parchemin, signée desdits Notaires en bonne forme, au Commis qui sera pour ce établi; avec lesquelles ils representeront leurs contrats d'acquisitions, partages, donations, contrats d'engagement, quittances de finances, lettres de don, & autres tiltres justificatifs de leur possession & jouissance, avec les quittances des payemens qu'ils auront faits des droits Seigneu-

riaux

riaux deubs aux mutations suivant la Coûtume ; même ceux qui prétendront tenir lesdites terres & heritages en franc-aleu noble
ou roturier ; les tiltres justificatifs dudit franc-
aleu : De tous lesquels tiltres & enseignemens le Commis préposé à la reception desdites déclarations, retiendra tels extraits ou
copies que bon lui semblera.

Et si lesdites déclarations & reconnoiffances fe trouvent véritables, elles feront
admifes & reçeues pardevant les Officiers
de ladite Chambre du Tréfor, dont il fera
donné un acte fommaire aufdits particuliers :
le tout fans autres frais que l'expédition desdits Notaires, que lefdits particuliers payeront en la maniere accoutumée, & cinq fols
au Greffier de ladite Chambre du Tréfor,
pour l'acte de réception d'icelles.

Et en cas qu'il foit trouvé que lefdits particuliers n'ayent fait leurfdites déclarations
véritables, tant en la qualité & confiftance
des héritages, que des droits & redevances
dont ils peuvent être chargez, pour raifon
de quoi il foit formé conteftation contr'eux
à la requefte dudit Procureur du Roi en ladite Chambre ; & que par le Jugement qui
fera rendu fur lefdites conteftations, lefdits
particuliers foient condamnez à reformer
leurs déclarations ; ils payeront les frais &

Seconde Partie.   H

dépens de ladite conteſtation, ſuivant la taxe qui en ſera faite en ladite Chambre ; &
ſeront les procedures qu'il conviendra faire,
ſommairement inſtruites.

Si leſdits particuliers poſſedans maiſons,
places & heritages en roture, ne peuvent
juſtifier par leurs tiltres, contracts ou autres
enſeignemens, les cenſives dont leſdits heritages ſont chargez, il en ſera impoſé d'office par ladite Chambre, à raiſon de la grandeur & conſiſtance deſdites maiſons & heritages ; ſçavoir, pour les grands hoſtels &
maiſons à porte cochere de ladite Ville &
Fauxbourgs de Paris, dix ſols pariſis : Et
pour les autres maiſons, cinq ſols pariſis : Et
pour les grands clos de murailles, compris
dans l'enceinte deſdites Ville & Fauxbourgs,
à raiſon de dix ſols pour arpent ; & pour les
autres de la campagne, deux ſols auſſi pour
arpent : le tout ſans prejudicier aux droits
de Sa Majeſté & deſdits particuliers, en cas
que ci-après il ſoit juſtifié que leſdits heritages ſoient tenus de plus grandes ou moindres
charges.

Et à faute par tous leſdits particuliers généralement, de quelque qualité & condition
qu'ils ſoient, de paſſer & fournir dans ledit
temps leurs déclarations en ladite forme, &
repréſenter leurs tiltres & contracts, pour

être réçeus en la maniere ci-devant exprimée, il sera procedé à leurs frais & depens, par saisie desdits heritages, loyers, fruits & revenus d'iceux, dont ils ne pourront avoir main-levée, qu'en fournissant & faisant recevoir leursdites déclarations, & payant les frais desdites saisies, suivant la taxe qui en sera faite en ladite Chambre.

Et d'autant qu'en exécution des Déclarations du Roi des années 1657. 1658. & 1659. plusieurs particuliers détempteurs des maisons & heritages tenus en censive de Sa Majesté en ladite Ville & Fauxbourgs, Prevosté & Vicomté de Paris, ont fourni leurs déclarations, & icelles fait recevoir en la Chambre souveraine des Domaines & Terrier général & universel qui étoit établie au Palais à Paris, ainsi qu'il étoit porté par lesdites Déclarations du Roi, Arrests & Reglemens de ladite Chambre, & qu'il ne seroit pas raisonnable de les constituer en nouveaux frais pour passer derechef de nouvelles déclarations : lesdits particuliers qui auront passé lesdites déclarations, & seront encore détempteurs des heritages y mentionnés, seront tenus de représenter seulement lesdites déclarations, avec les Arrests de réception d'icelles en ladite Chambre souveraine, dont il leur sera donné sans frais un

acte sommaire pour leur décharge : Et quant
aux nouveaux acquereurs , ils passeront leurs
déclarations en la maniere ci-devant exprimée.

Et pour remedier à la confusion causée
par le grand nombre des Seigneurs particuliers qui possedent justice , voirie & censive
en ladite Ville & Fauxbourgs de Paris , rendre à chacun ce qui lui appartient legitimement , & oster à l'avenir tout prétexte d'u-
surper les uns sur les autres ; Ordonne Sa
Majesté , que tous lesdits Seigneurs particuliers , tant Ecclesiastiques , Communautez ,
que Seculiers , généralement sans exception ,
fourniront pardevant les Officiers de ladite
Chambre du Tresor , dans le temps qui leur
sera prefix & limité , des états certifiez , contenant par le menu les maisons , places &
héritages qu'ils prétendront dépendre de leur
Fief & Seigneurie , & avoir sur icelles des
droits de justice , voirie & censive : lesquels
droits ils seront tenus de justifier ; & pour
cet effet , représenteront leurs anciens titres , papiers-terriers , ou autres piéces justificatives & suffisantes , sur lesquelles il leur
sera donné jugement tel qu'il appartiendra
par raison , pour ensuite en être fait mention
dans led. papier Terrier de Sa Majesté , & les
bornes & limites des territoires , tenans &

aboutissans desdites Seigneuries, établies &
marquées en la maniere qu'il sera advisé,
pour estre à l'avenir incontestablement reconnues. Veut mesme Sa Majesté qu'outre
les Registres desdites déclarations & reconnoissances, & le Papier Te rier qui sera composé sur icelles, il soit fait & dressé un plan
exact de ladite Ville & Fauxbourgs de Paris, dans lequel la quantité des maisons de
chacune rue soit marquée, & que la justice,
voirie, censive & directe de Sa Majesté, &
celles de tous lesdits Seigneurs soient distin-
guées de couleurs differentes : Et faute par
lesdits Seigneurs de fournir lesdits estats
& justifier de leursdites Seigneuries, Justices, Voiries & Censives & leur étendue,
toutes les maisons, places & héritages qu'ils
en auront jusques à present fait dépendre,
seront censées & réputées estre de la censive
directe de Sa Majesté, & les propriétaires &
détempteurs tenus comme tels d'en passer
leurs déclarations & reconnoissances à son
profit, & lui payer à l'avenir lesdites censives & droits seigneuriaux, tant annuellement
qu'aux mutations, suivant la Coûtume ; &
seront ceux qui auront reçeu lesdits droits
par le passé depuis quarante années, contraints, comme usurpateurs, à la restitution
par les voyes accoutumées pour les deniers
& affaires de S. M.

Et pource qu'il importe que ledit nouveau Terrier de Sa Majesté , comme necessaire à la reconnoissance & conservation des droits de ses Domaines , ne reçoive aucune difficulté ni retardement : Fait Sa Majesté deffenses à tous lesdits Seigneurs particuliers , generalement en toute l'étendue de ladite Ville, Prevosté & Vicomté de Paris , anciens ressorts & enclaves d'icelles , de faire leurs Papiers Terriers, ni mesme continuer ceux qu'ils pourroient avoir commencez, jusqu'à ce qu'ils ayent satisfait au contenu du precedent article , & qu'ils ayent chacun d'eux retiré les Jugemens qui doivent intervenir en ladite Chambre du Trésor , comme il est dit cidessus , nonobstant toutes Lettres & permissions qu'ils en pourroient avoir obtenues ; l'effet desquels Sa Majesté veut estre & demeurer suspendu jusques après lesdits Jugemens de ladite Chambre ; lesquels, & tout ce qui sera jugé en icelle , en execution du present Reglement, concernant la confection dudit Papier Terrier , circonstances & dépendances, Sa Majesté veut estre exécutés par provision , nonobstant oppositions ou appellations quelconques , & sans préjudice d'icelles. Fait au Conseil d'Etat du Roi , tenu à Paris le vingt-huitiéme jour de Décembre 1666. *Signé*, BECHAMEIL.

*Leu & publié, l'Audience tenant, oüy & ce
requerant le Procureur du Roy, & registré au
Greffe, pour estre executé selon sa forme & teneur, le dix-neuvième Fevrier 1667.*
                        Signé, *HERON.*

EXTRAICT DES REGISTRES
de la Chambre du Tésror.

Sur ce qui a été représenté par le Procureur du Roi, Que par Arrest du Conseil d'Estat, & Reglement fait en icelui le
vingt-huitiéme Décembre dernier, & Lettres Patentes expediées sur iceux ledit jour,
signées, Par le Roi en son Conseil, BECHA-
MEIL, & scellées, adressantes à la Chambre, le tout registré ce jourd'huy en icelle ;
il lui est mandé de travailler incessamment à
la confection d'un nouveau Papier Terrier
& reconnoissances des terres, seigneuries,
maisons, heritages, biens & droits generalement tenus & mouvans de Sa Majesté, tant
en fief qu'en censive, à cause de ses Domaines, tant engagez que non engagez, dans
l'étendue de la Ville, Prevosté & Vicomté
de Paris, anciens ressorts & enclaves d'icel-

les, & aux bornes & limites des territoires
& seigneuries voisines : Ce qui ne peut estre
exécuté que les propriétaires possesseurs &
détempteurs desdits biens, heritages & droits,
qui doivent en passer leurs déclarations, n'en
soient préalablement advertis : Requeroit
que ledit Arrest & Reglement du Conseil
d'Estat du Roi, & Lettres Patentes expediées en consequence, fussent publiez aux
Prosnes des Paroisses de cette Ville, &
affiches mises & apposées aux lieux & endroits publics, à ce que les particuliers y
dénommez fussent tenus d'y satisfaire dans
le temps qui leur sera prescrit : cependant
que deffenses seront faites à tous Seigneurs
particuliers de faire leur Papier Terrier, ni
de continuer ceux qu'ils pourroient avoir
commencez, jusqu'à ce qu'autrement par la
Chambre il en ait été ordonné.

LA CHAMBRE a ordonné & ordon-
ne que ledit Arrest du Conseil d'Estat, Reglement fait en icelui, & Lettres Patentes
du 28 Décembre dernier, seront leus &
publiez aux Prosnes des Paroisses de cette Ville, & qu'Affiches seront mises &
apposées aux lieux & endroits publics
que besoin sera ; à ce que les particuliers
y dénommez n'en prétendent cause d'i-
gnorance, & ayent à y satisfaire & passer

leurs

leurs déclarations dans un mois : Fait def-
fenfes, conformément aux fufdits Arreft &
Reglement, à tous Seigneurs particuliers
generalement, en toute l'étendue de ladite
Ville, Prevofté & Vicomté de Paris, anciens refforts & enclaves d'icelles, de faire
leur Papier Terrier, ni même continuer ceux
qu'ils pourroient avoir commencez, jufqu'à
ce que par ladite Chambre autrement en ait
efté ordonné. Fait en la Chambre du Tréfor
le 19 Fevrier 1667. *Signé*, HERON.

Sur la remontrance faite par le Procureur du Roi, qu'il fe rencontroit
beaucoup de difficultés à reconnoître
dans les déclarations qui fe fournif-
foient par les propriétaires des maifons
de la Villle & Fauxbourgs de Paris,
pour compofer le Papier Terrier du
Domaine de Sa Majefté, les cens &
rentes dont lefdites maifons font chargées, à caufe que les enfeignes qui
étoient aufdites maifons avoient été
changées ; par le moyen defquels
changemens on ne pouvoit que très-
difficilement faire la conference defdites nouvelles déclarations, avec les

anciens Regiſtres du Domaine eſquels leſdites maiſons ſont déſignées par d'autres enſeignes : La Chambre, par ſon Jugement du 22 Septembre 1667. ordonna que tous les détempreurs des maiſons de la Ville & Fauxbourgs de Paris, qui ſont en la Juſtice, Cenſive & Voirie de Sa Majeſté, qui ont paſſé & paſſeront leurs déclarations audit Terrier, ſeront tenus & obligés de faire mettre ou inſculper en pierre, cuivre ou autre matiere convenable, au-deſſus de la principale porte de leurs maiſons, l'enſeigne qu'ils auront exprimée dans leurſdites déclarations ; & pour les maiſons qui n'ont point d'enſeignes, les propriétaires mettront telles armes ou chiffres que bon leur ſemblera, qui ſeront pareillement dé-ſignées par les déclarations qu'ils four-niront, pour être leſdites enſeignes comme une marque immuable & fixe de chacune deſdites maiſons, ſans qu'elles puiſſent être ci-après chan-gées ni ôtées, à peine contre les dé-

faillans de dix livres parifis d'amende,
applicable moitié à l'Hôtel-Dieu de
Paris, & moitié à la Recette ordinaire
ou Ferme du Domaine de Sa Majefté.

Et par autre Arrêt du 18 Avril 1670.
ladite Chambre, fur la repréfentation
faite par le Procureur du Roi, ordonna que tous propriétaires & détempteurs des fiefs, terres, maifons, héritages, prés, bois, & autres biens &
droits tant en fief qu'en roture, franc-
aleu noble ou roturier, de quelque
nation qu'ils foient, dépendans & relevans des Domaines du Roi, engagés ou non, feroient tenus de paffer
leur déclaration dans un mois pour
nouvelle & derniere préfixion & délai, & les faire recevoir en ladite
Chambre, après communication faite
au Contrôleur Général des Domaines;
finon, que ledit mois paffé, il feroit
fait un commandement à leurs frais;
& huitaine après, faute d'y fatisfaire,
ils feroient condamnés en 10 liv. d'a-
mende, applicable moitié à l'Hôtel-

Dieu de cette Ville, & l'autre moitié
au Domaine du Roi. Que le Jugement du 22 Septembre 1667. seroit
exécuté aussi dans un mois, à peine
de 10 liv. d'amende. Que tous ceux
qui prétendoient avoir Fief & Seigneurie, Directe, Censive, Justice &
Voirie en ladite Ville & Fauxbourgs,
mouvans immédiatement du Roi, ou
tenus en arriere-fief d'autres Seigneurs,
même les Communautés Ecclésiastiques ou Séculieres, fourniroient dans
ledit tems d'un mois, des Etats duement certifiés, contenant par le menu les maisons, places & héritages
qu'ils prétendent dépendre de leurs
Fiefs & Seigneuries, & représente-
roient leurs titres, Papiers Terriers,
& autres piéces suffisantes pour la justification d'icelles ; qu'elles seroient
communiquées au Procureur du Roi
& au Contrôleur Général du Domaine, pour être ordonné ce que de raison ; & faute de ce faire dans le mois,
commandement à huitaine, laquelle

paſſée , les maiſons , terres & héritages deſdites Seigneuries ſeroient cen-
ſées & réputées de la Cenſive & Seigneurie directe de Sa Majeſté , & les
propriétaires contraints de paſſer &
faire recevoir leurs déclarations audit
Papier Terrier , pour en payer à l'avenir les cens & droits Seigneuriaux.

La Juriſdiction contentieuſe fut at-
tribuée par Arrêt du 8 Janvier 1678.
aux Commiſſaires nommés pour la
vente & revente des Domaines en la
Ville & Fauxbourgs de Paris.

L'Arrêt du Conſeil du 28 Septembre 1666. avoit chargé la Chambre
du Tréſor de la confection dudit Papier Terrier : mais par autre du 14
Décembre 1700. le Roi chargea de
ladite confection les Tréſoriers de
France en la Chambre du Domaine
du Bureau des Finances de la Généralité de Paris , à la requête du Procureur de Sa Majeſté en ladite Chambre , conjointement avec le ſieur Ravier , Contrôleur Général ancien des

Domaines , pourſuites & diligences de François Blondeau , Bourgeois de Paris ; & en conséquence , que tous les titres & actes qui pouvoient ſervir à la continuation dudit Papier Terrier , leſquels étoient ſoit à la Chambre des Comptes , ſoit ailleurs , ſeroient communiqués audit ſieur Ravier , pour en prendre tels extraits que bon lui ſembleroit , le tout ſans frais ; & que toutes les déclarations qui ſeroient fournies par les cenſitaires & tenanciers de Sa Majeſté , ſeroient paſſées pardevant Savalette , le Moyne & Thouin , Notaires au Châtelet de Paris.

Les Tréſoriers de France , pour l'exécution dudit Arrêt , rendirent une Sentence du 5 Janvier 1701. par laquelle ils ordonnerent la publication aux Prônes des Paroiſſes du Reglement de 1666. & des differentes Sentences & Jugemens de la Chambre du Tréſor ; firent poſer des affiches aux lieux & endroits publics & accoutumés, à ce qu'aucuns propriétaires, possesseurs & détempteurs des Terres & Seigneuries, maisons, héritages, biens & droits, généralement mouvans de Sa Majesté, tant en fiefs qu'en censives, à cause de ses Domaines engagés & non engagés de la Ville, Fauxbourgs, Prévôté & Vicomté de Paris, ayent à passer leurs déclarations dans quinzaine, & défendirent à tous Seigneurs particuliers de faire aucuns Papiers Terriers, ni même continuer ceux qu'ils pourroient avoir commencé, jusqu'à ce qu'autrement par ladite Chambre en ait été ordonné, sur les peines qu'il appartiendra.

TERRIER GENERAL

Du Reſſort de la Chambre des Comptes de Paris.

SUr les repréſentations qui furent faites au Roi, que pluſieurs Seigneurs avoient uſurpé beaucoup de piéces qui compoſoient le corps de ſon Domaine ; que les Officiers chargés du recouvrement des droits de ſondit Domaine, non-ſeulement y apportoient beaucoup de négligence, mais qu'ils ignoroient encore la plus grande partie de ce qui en dépendoit, par une obſcurité ancienne & les divers changemens arrivés ſucceſſivement ; ce qui faiſoit que depuis pluſieurs années l'on ne rendoit plus de compte pour cette partie à la Chambre, ou que ceux qui y étoient préſentés ne pouvoient être ni examinés ni clos : Sa Majeſté adreſſa à ſa

Chambre des Comptes à Paris une Déclaration, en date *du 20 Juillet 1656. regiſtrée en lad. Chambre le 29 deſd. mois & an*, par laquelle il fut ordonné qu'il ſeroit procédé par des Commiſſaires généraux, nommés à cet effet, du corps de ladite Chambre, au Terrier du Domaine du Reſſort de ladite Chambre, de quelque nature & condition qu'il puiſſe être engagé ou autrement aliéné en quelque ſorte & maniere que ce ſoit, en prenant par leſdits Commiſſaires leurs vacations en la maniere accoutumée. Que les pourſuites ſeroient faires à la requiſition du Procureur Général de ladite Chambre. Que Philippe Parque & Jacques Ducheſne, Notaires au Châtelet de Paris, à l'excluſion de tous autres, recevroient & paſſeroient les déclarations deſdits biens par tenans & aboutiſſans d'iceux, & ſubdélégueroient dans l'étendue dudit Reſſort les Notaires & Tabellions qu'ils aviſeroient bon être ; deſquels Notaires

les honoraires seroient taxés par lefdits Commissaires. Que les poursuites
nécessaires seroient faites poursuite &
diligence de Claude Joubert. Que les
frais que seroient tant ledit Joubert
que les Huissiers & Sergens qui seroient employés, & ses vacations,
seroient payés par les propriétaires &
détempteurs, & pareillement taxés
par lesdits Commissaires. Que tous les
débiteurs & propriétaires desdits biens,
héritages, terres & seigneuries, ecclésiastiques & autres, de quelque
qualité & condition que puissent être
lesdits biens du Ressort de ladite
Chambre, relevant & dépendant de
Sa Majesté, ayent à exhiber ausdits
Parque, Duchesne & Subdélégués,
dans un mois du jour de la publication de ladite Déclaration aux Prônes
des Messes Paroissiales, les titres en
vertu desquels ils possedent lesdits
biens, pour sur iceux dresser des déclarations, & expédier des copies collationnées par lesdits Notaires & leurs

Subdélégués, que lesdits détempteurs remettroient ausdits Commissaires, lesquels enregistreroient lesdites déclarations; & à faute de ce faire, lesdits Commissaires procéderoient contr'eux, tant par la saisie desdits biens, qu'autres voies ordinaires & accoutumées. Que lesdits Commissaires auroient toute cour & jurisdiction en cette partie, & qu'elle seroit interdite à tous autres Juges.

Certaines considérations empêcherent l'exécution de la Déclaration du mois de *Juillet* 1656. Mais le 7 *Novembre* 1657. il fut rendu une autre Déclaration, *registrée au Parlement le 20 Novembre audit an*, qui révoqua la Commission adressée à la Chambre des Comptes par la précédente Déclaration, qui créa une Chambre sous le titre de Chambre Souveraine du Terrier du Domaine de Sa Majesté; qui fixa les frais pour parvenir audit Terrier, peines & vacations à 6 liv. pour chaque déclaration; qui conserva Claude Joubert, pour être procédé à sa poursuite & diligence ; qui nomma Philippe Parque & Jacques Duchesne pour recevoir lesdites déclarations ; qui leur défendit de prendre plus de dix livres pour eux deux pour chacune déclaration, dont ils garderoient minute, & dont ils délivreroient trois expéditions en parchemin, l'une devant rester au détempteur, la seconde pour être mise au Greffe de la Chambre des Comptes, & la troisieme ès mains de l'Intendant de nos Chartres, pour être déposée au Trésor de nosdites Chartres ; à la réserve cependant des déclarations que fourniroient les Seigneurs Justiciers, que lesdits Commissaires nommés taxeroient eu égard au grand nombre des rôles qu'elles contiendroient ; enfin, qui permit de joindre en une seule & même déclaration plusieurs biens & Domaines, jusqu'à la somme de mille livres en principal, & qui donna à ladite Chambre toute cour & jurisdiction en cette partie.

DOMAINES ENGAGE'S.

LEs deux précédentes Déclarations n'avoient pas prévû le cas d'usurpation des Domaines. Il y fut pourvû par une Déclaration du 30 *Mars* 1658. qui en confirmant les précédentes, ordonna que pour réparer les entreprises & usurpations faites sur le Domaine de Sa Majesté, il fût par la Chambre, à la requête de son Procureur, informé, tant par titres que par témoins, desdites entreprises & usurpations faites sur lesdits Domaines, Seigneuries, Terres, Prés, Justices, Jurisdictions, & autres droits en dépendans; lui permit, en cas de besoin, de faire arpenter & mesurer, de vérifier les bornes anciennement plantées, d'en faire poser de nouvelles, de faire saisir & mettre en la main du Roi ce qui se trouveroit avoir été usurpé, ensemble

mettre en fequeftre les fruits d'iceux,
de connoître des conteftations formées à ce fujet, nonobftant oppofitions ou appellations quelconques,
même de décider de l'évocation des
procès qui pourroient être commencés pour raifon de ce pardevant d'autres Juges; de taxer fur tel pied qu'elle aviferoit, à payer 29 années d'arrérages, ceux qui ne pourroient repréfenter les dernieres quittances des
droits feigneuriaux & féodaux, cens,
rentes, devoirs, & autres fervices dûs
à Sa Majefté; & afin que tout ce qui
lui appartenoit dans l'étendue de fes
Domaines, & ce qui étoit dépendant
d'iceux fût univerfellement reconnu à
fon profit, & infcrit en fon Papier Ter-
rie, elle ordonna que les engagiftes &
détempteurs, ou adjudicataires & ad-
modiateurs des péages, travers, bacs,
paffages, pêcheries, marais, palus,
rivieres, étangs, ufages, pâturages,
bois en grurie, grairie, ségrairie, minages, mefurages, hallages, voiries,

coches, meſſageries, greſſes, tabel-
lionnages, geolles, boucheries, aydes, courtages, & autres biens & offices & droits domaniaux & héréditaires, dépendans ou annexés à ſes
ſuſdits domaines, ſoit engagés ou non,
ſeroient pareillement tenus d'en fournir & paſſer leurs déclarations à ſon
profit, pour être leſdites déclarations
inſerées & jointes avec celles deſdits
Domaines dont leſdits droits ſont dépendans ; & comme les taxes faites
par les précédentes déclarations ne
pouvoient ſuffire, il fut ordonné qu'il
ſeroit pris ſur le recouvrement des
droits recelés, les taxes que la Chambre ordonneroit pour raiſon deſdits
frais.

FRAIS ET SALAIRES.

L'Arrêt du Conſeil du 29 Janvier
1659. modera les droits dûs pour la
paſſation, réception & enregiſtrement
des Déclarations fournies par les particuliers :

SÇAVOIR,

Pour tous droits d'expédition, délivrance & réception des déclarations
qui seroient fournies au Papier Terrier
par les particuliers détempteurs, ensemble pour les trois grosses d'icelles, &
délivrance de l'Arrêt de réception des
susdites déclarations, la somme de
8 liv. parisis, pour les déclarations des
biens en roture qui n'excéderoient pas
4000 liv. en fonds, & 15 liv. parisis
pour ceux qui seroient au-dessus.

Vingt livres parisis pour les biens
en fiefs qui seroient de 4000 liv. en
fonds, dont les déclarations ne contiendroient que trois rôles.

Et pour ceux où il y aura plus grande quantité de rôles, la Chambre étoit
chargée d'en faire la taxe. Le tout à
peine de concussion.

Par Déclaration du 25 Octobre
1658. la Chambre, ordonnée pour la
confection du Papier Terrier, fut unie

à

à la Chambre du Domaine établie à
Paris, par Arrêt du 30 Novembre
1658. & les pourſuites pour ce néceſſaires furent ordonnées être faites à
la requête du Procureur Général du
Parlement de Paris, Tréſorier des
Chartres, ſuivant & conformément
à l'Edit du mois de Mars 1655.

En conſéquence de cette union, la
Chambre Souveraine du Domaine,
établie à Paris, fit un Reglement, par
lequel elle ordonna :

ARTICLE PREMIER.

LADITE CHAMBRE a ordonné &
ordonne, qu'ès lieux de cette Ville, Fauxbourgs & Banlieue de Paris, & ès Villes des
Bailliages, Sénéchauſſées des reſſorts dudit
Parlement & Chambre des Comptes, où
l'Ordonnance de ladite Chambre du 10 du
mois de Décembre 1657. a ci-devant été ou
dû être publiée & affichée, il ſera mis &
appoſé une ſeconde affiche, pour avertir derechef les particuliers détempteurs & poſſeſſeurs des droits & offices & autres biens

Seconde Partie.   K

domaniaux, ou tenus & relevans en fief & roture, franc-aleu, noble ou roturier, desdits Domaines du Roi, engagés ou non, de quelque nature que soient lesdits biens, & les détempteurs d'iceux, soit Ecclésiastiques ou Séculiers, Particuliers ou Communautés, qui n'ont encore satisfait & fourni leurs déclarations à la Chambre du Terrier, suivant ladite Ordonnance, de le faire incessamment & dans quinzaine au plus tard pour tous délais, passer pardevant les Notaires commis par icelle, les aveux & déclarations ausquelles ils sont obligez.

Sçavoir;

Tous Seigneurs, tant Séculiers qu'Ecclésiastiques, Communautez, Gens de mainmorte, ou autres possédans fiefs, un aveu ou déclaration contenant un dénombrement exact de leurs fiefs & arriere-fiefs, censives, justices, jurisdiction, droits, concessions & privileges annexez à leurs terres & Seigneuries, maisons & héritages en dépendans, qui leur doivent cens, lods & ventes, saisine & amende, & autres droits seigneuriaux, suivant les Coutumes.

Déclarer par icelle les titres d'acquisition, soit vente à perpétuité ou à vie, donation, succeſſion, partage, fondation, dotation, ou autres quelconques, en vertu deſquels ils font propriétaires poſſeſſeurs.

A quels devoirs & ſervices ils font obligez pour raiſon de ce, dater les actes de foi & hommage qu'ils en ont faits, & auſquels ils ont été reçus, & les quittances des droits qu'ils en ont payé.

Déclarer s'ils en ont fait quelques aliénations & démembremens, à quelles perſonnes, & à quelles conditions.

Et pareillement s'ils y ont fait quelques acquiſitions & réunions, de quelles perſonnes, & à quel titre.

Cotter les meſurages & bornages de la conſiſtance de leurs fiefs & territoires, ſi aucuns ont été faits, en déclarer les confins & limites, avec les territoires voiſins, par nouveaux tenans & aboutiſſans, pour après leſdits aveux & déclarations qu'ils auront paſſez, conformément à ce que deſſus, ſuivant la conſiſtance de leurs fiefs, terres & ſeigneuries, pardevant leſdits Notaires à ce commis, mettre leurſdits aveux ou déclarations, avec leurs titres, enſeignemens, & Requeſte afin de réception & enregiſtrement de leurſdits aveux ou déclarations, ès mains de l'un des Commiſſaires de ladite Chambre, pour en faire le rapport, communica-

tion préalablement faite au Subſtitut du Procureur Général du Roi , commis en icelle ;
ſi mieux ils n'aiment mettre le tout ès mains
du Commis à la pourſuite dudit Terrier , lequel en fera pour eux les diligences à leur
décharge , ſans que pour ce il puiſſe prendre
plus grands droits que ceux à lui attribuez.

II.

Seront auſſi les Seigneurs appanagés , Da-
mes douairieres , & autres Poſſeſſeurs & Engagiſtes des Domaines dudit Seigneur Roi ,
& des parts & portions d'iceux , tenus cha-
cu à leur égard , bailler déclaration des Terres , Seigneuries & autres Domaines par eux
poſſedez ; & pour la réception d'icelle à ladite Chambre , y joindre les titres de leur
conceſſion , ou contrats d'engagement en
original , ou copies duement collationnées ,
pour y être pareillement enregiſtrées , reçues
& verifiées en la maniere ci-deſſus.

III.

Que le même ſera obſervé à l'égard des
adjudicataires & emphitéotes , ou fermiers à
longues années , ou à vie , des maiſons &
échopes , halles ou autres biens domaniaux ;
leſquels , ou les détempteurs d'iceux en leur
lieu & place , feront tenus de paſſer une déclaration conforme à leur titre , & le rapporter avec leur déclaration , pour en requerir

l'enregistrement en la forme que dessus, &
faire mention dans les déclarations qu'ils
fourniront, de la subdivision faite entr'eux,
si aucune y a, des noms & surnoms des détempteurs des maisons, échopes & places
subdivisées, & des parts & portions par eux
occupées & détenues ; sinon, que les maisons, échopes, ou autres biens de cette nature, à eux aliénez & subdivisez, fussent de
consistance & situation différente & en divers quartiers : auquel cas, pour éviter à la
confusion & mélange des Fiefs & Seigneuries, ils seront tenus bailler leurs déclarations séparées, & dans icelles cotter particulierement le cens dont lesdits lieux & héritages sont chargez ; à faute de quoi, il sera
pourvû par ladite Chambre.

I V.

Seront pareillement les Propriétaires des
maisons & autres héritages tenus en franc-
aleu, noble ou roturier, obligez de passer &
fournir dans le même temps leurs déclarations desdites maisons, & autres biens de la
qualité susdite, & inserer en icelles à quels
titres ils en sont possesseurs, & les rapporter
pour être vérifiez & jugez par ladite Chambre ainsi que de raison.

V.

Et à faute par lesdits détempteurs & possesseurs desdits biens domaniaux , ou desdits domaines & autres biens ci-dessus , de satis-faire & passer dans le susdit temps , lesdites déclarations , ordonne ladite Chambre qu'ils y seront contraints à leurs frais & dépens , après un premier & itératif commandement , par saisie féodale & censiere sur les biens par eux possedez , suivant la nature & qualité d'iceux , & par amendes coutumieres , sauf, en cas que les propriétaires & possesseurs desdits biens soient absens , ou qu'ils soient dépossédez d'iceux par saisies réelles , ou ayent autre excuse légitime , à leur pourvoir par ladite Chambre de tel autre délai qu'il sera par elle ordonné , sur les Requestes qui lui en seront à cette fin présentées.

V I.

Seront aussi les détempteurs des biens qui se trouveront avoir été autrefois chargez de quelques services , cens , rentes , ou au-tres droits & devoirs , dont les Receveurs du Domaine ont autrefois fait recette , & ne la font à présent , assignez à la requête dudit Procureur Général du Roi , ou de son Substitut en ladite Chambre , & dili-gence dudit Commis , pour bailler leurs re-connoissances : Et faute d'y satisfaire par eux dans un mois , pour les lieux au-deçà des rivieres de Loire & de Somme , & pour les

autres dans deux mois, feront lefdits biens
faifis, & les détempteurs & propriétaires
d'iceux affignez en icelle, pour procéder
aux fins de ladite faifie, laquelle tiendra
jufques à ce qu'ils ayent rapporté piéces fuf-
fifantes pour la juftification de leurs droits
prétendus, & ne leur fera donné main-levée
qu'en payant les frais de leur coutumace, qui
feront réglez par ladite Chambre.

V I I.

Seront auffi tous donataires du Roi, des
biens & droits domaniaux, places, facultez,
ou autres droits publics quelconques, qui les
tiennent, poffedent & en jouiffent en vertu
de Lettres Patentes, foit qu'elles foient vérifiées ou non, & tous autres détempteurs,
propriétaires & poffeffeurs des autres biens
du Domaine, foit à titre de don à perpétuité, ou à vie, ou à quelques autres charges
& conditions que ce foit, tenus en fournir
leurs déclarations audit Terrier général,
même communiquer leurs Lettres de don,
& en bailler copie audit Jannart Subftitut,
pour en être fait Regiftre, & dire fur icelles
ce qu'il avifera.

V I I I.

Et où lefdits donataires & détempteurs
des biens domaniaux fujets à réverfion, ou
autres charges quelconques, manqueroient

à fournir leurs déclarations au susdit Terrier
dans le temps préfix, seront iceux, en ce
cas, comme usurpateurs du Domaine, dé-
chus de la possession des Terres & Seigneuries, & droits par eux recelez, & privez du
droit qu'ils pourroient prétendre en iceux,
nonobstant toutes possessions, jouissances &
prescriptions par eux prétendues, suivant la
rigueur des Ordonnances.

IX.

Et à ce que les particuliers détempteurs
des biens sujets à bailler leurs aveux ou déclarations audit Terrier, soient duement in-
formez de ce qu'ils ont à faire, ordonne
ladite Chambre, que chacun desdits détempteurs sera tenu dans le temps porté par les
Déclarations du Roi & l'affiche, s'adresser à
un des Notaires commis pour le fait du susdit Terrier, & pardevant lui passer les aveux
ou déclarations conformes à ses titres : la
minute desquels aveux ou déclarations, ledit détempteur présentera avec sa Requête
à ladite Chambre, pour, après icelle jugée
sur les conclusions dudit Jannart Substitut,
en être ensuite fait trois expéditions en parchemin par ledit Notaire, l'une pour les détempteurs, & les deux autres pour demeurer en ladite Chambre.

X.

X

Et en cas que pour faire éclaircir & défendre les droits du Roi, sur les déclarations qui seront fournies, il soit nécessaire de recourir aux anciens Papiers Terriers & de recette, comptes, ou autres titres quelconques concernans les droits du Domaine, seront les Receveurs & Contrôleurs des Domaines, Greffiers, Gardes des Archives, Notaires, Tabellions, & autres personnes publiques qui les auront en leur possession, tenus les représenter & communiquer tant audit Substitut qu'audit Commis, ou autres ayans charge de lui, & à ce faire contraints par toutes voies dues & raisonnables, & amende arbitraire.

X I.

Ordonne en outre ladite Chambre, qu'à la diligence desdits Substitut & Commis, chacun au ressort de leur établissement, il sera fait (si fait n'a été) un bref inventaire desdits Papiers Terriers, & de recette, comptes, & autres titres concernans les droits & domaines dudit Seigneur Roi, qui se trouveront ès Archives des susdits Siéges, & autant dudit inventaire, ou du recollement de celui qui en pourroit avoir été fait ci-devant, par eux envoyé audit Procureur Général du Roi, ou à son Substitut en ladite

Seconde Partie. L

Chambre, pour servir à la justification des droits du Roi, ce que de raison.

XII.

Pour faire cesser les plaintes des poursuites ci-devant faites contre les détempteurs des biens dépendans des Seigneurs particuliers, ordonne ladite Chambre, que Maître Claude Leleu, de présent commis à la poursuite dudit Terrier, sera tenu les commencer contre les Seigneurs des Fiefs relevans du Roi, pour les obliger à fournir audit Terrier leurs aveux & déclarations de la consistance, bornes & limites de leurs Fiefs, & de ce qui est tenu & dépendant d'iceux en fief ou roture, sans qu'il puisse agir contre les particuliers détempteurs des biens assis en l'étendue desdits fiefs, que les temps portez par les commandemens faits ausdits Seigneurs particuliers ne soient expirez, si ce n'étoit que lesdits héritages eussent été ci-devant reconnus être dépendans du Domaine dudit Seigneur Roi, ou qu'ils fussent assis & situez en lieux esquels il y auroit d'autres héritages ou maisons en censive.

XIII.

Et pour faire encore que l'exécution dudit Terrier se puisse faire avec plus de soulagement pour les sujets du Roi, dans les Bailliages & Ressorts de ladite Chambre, or-

donne qu'il fera loifible, tant aux poffeffeurs des biens roturiers, que détempteurs
des biens domaniaux engagez, qui ne confiftent qu'en roture ou fiefs, fans Juftice &
menus Offices domaniaux affis en l'étendue
defdits Bailliages & Sénéchauffées, de fournir & faire recevoir pardevant les Officiers
d'iceux qui feront commis, leurs déclarations, & icelles faire vérifier avec les Subftituts du Procureur Général du Roi efdits
Siéges, & le Commis à la pourfuite dudit
Terrier dans le temps préfix; à la charge par
ledit Commis d'envoyer au Greffe de la
Chambre, de trois mois en trois mois deux
groffes des déclarations qui feront reçues fur
les lieux par lefdits Officiers, avec l'extrait
des Jugemens de réception des fufdites déclarations au bas d'icelles, pour être inférées avec celles qui feront paffées en cette
Ville audit Terrier général, fuivant la dif-
tinction des Bailliages & Sénéchauffées : la
connoiffance des autres Domaines nobles &
féodaux, ou autres biens tenus en fief, efquels il y a Juftice annexée, demeurant au
furplus à ladite Chambre, fuivant l'Arrêt
d'icelle du 30 Janvier dernier.

XIV.

Et à ce que les droits & falaires, tant des
Notaires que du Greffier de la Chambre,

ceux du commis à la pourſuite dudit Terrier,
autres qu'il conviendra faire par leſdits particuliers détempteurs , ſoient par eux con-
nus , ſera la taxe qui en a été faite par l'Arrêt du Conſeil du 29 Janvier 1659. inſcrite
en un Tableau , & icelui mis tant au Greffe
de ladite Chambre , qu'au Bureau dudit
Commis à la pourſuite , & ès Etudes des
Notaires commis , même copie baillée aux
Procureurs de Communauté , pour y être
lue & publiée , à ce qu'aucun n'en prétende
cauſe d'ignorance.

Ordonne en outre , que les déclarations
dudit Seigneur Roi , des mois de Juillet
1656. Novembre 1657. & Mars 1658. ledit
Arrêt du Conſeil du 20 Janvier 1659. & le
préſent Reglement ſeront regiſtrez au Greffe de cette Chambre , & copie envoyée aux
Bailliages & Sénéchauſſées des Reſſorts d'i-
celle , pour y être pareillement lûs , publiez
& regiſtrez : & enjoint aux Officiers deſdits
Siéges de tenir la main à ce qu'il n'y ſoit con-
trevenu , & aux Subſtituts dudit Procureur
Général du Roi en iceux , d'en certifier la
Chambre au mois. F A I T à Paris en ladite
Chambre , le treiziéme Février 1659.

Signé, BLANCHARD.

TERRIER GENERAL
DU DOMAINE.

PAr tous les Reglemens ci-devant faits, il n'avoit été question que du Papier Terrier de la Ville, Prévôté & Vicomté de Paris, & de celui des Domaines du Ressort de la Chambre des Comptes de ladite Ville. Le Roi voulant réunir tous ses Domaines dans un seul Papier Terrier, rendit la Déclaration suivante le vingt-six Mars 1659.

DECLARATION DU ROY,

du 26 Mars 1659. Portant Reglement pour la confection du Terrier général & universel de son Domaine, en toute l'étendue du Royaume, Pays, Terres & Seigneuries de l'obéissance de Sa Majesté.

L OUIS, par la grace de Dieu, Roi de France & de Navarre : A tous ceux qui ces présentes Lettres verront, Salut. Nous avons ci-devant, en conséquence de notre Edit du mois de Mars 1655. fait expédier nos Lettres de Déclaration des 20 Juillet 1656. 7 Novembre 1657. & 30 Mars 1658. & diverses Commissions, portant établissement d'une Chambre Souveraine, pour la confection d'un Papier Terrier général de notre Domaine : En exécution desquelles, les Commissaires de notredite Chambre ont commencé d'y travailler, & fait plusieurs Reglemens utiles, tant pour l'avancement de ladite confection, que pour le soulagement de nos sujets, qui doivent fournir les déclarations nécessaires pour composer ledit

Terrier. Mais d'autant que pour rendre ledit
Papier Terrier en sa perfection, & afin que
Nous en puissions tirer l'avantage & la satis-
faction que Nous en espérons, il doit être
unique, & comprendre universellement tout
ce qui dépend généralement de notre Domaine, en quelque lieu que ce soit, pour,
après qu'il sera parfait, le déposer au Trésor
de nos Chartres, établi en notre bonne Ville de Paris, Nous avons estimé que l'autorité & Jurisdiction de notredite Chambre
Souveraine, & la confection de notredit
Terrier général & universel, devoit être
aussi pour toute l'étendue de notre Royaume, Pays, Terres & Seigneuries de notre
obéissance ; & que déclarant sur ce notre
volonté, il étoit à propos de rendre notoire
& public à chacun, l'ordre que, conformément aux Reglemens arrêtez en notredite
Chambre, Nous voulons être observé pour
ladite confection : Ce faisant, apporter un
tel tempérament aux frais d'icelui, que nos
sujets n'en reçoivent aucune surcharge. A
CES CAUSES, de l'avis de notredit Conseil,
& de notre certaine science, pleine puissance
& autorité Royale, Nous avons par ces Présentes signées de notre main, dit, déclaré
& ordonné, disons, déclarons & ordonnons, Voulons & Nous plaît, qu'en exécu-

tion de nosdites Déclarations des 20 Juillet 1656. 7 Novembre 1657. 30 Mars 1658. & Arrêts de notre Conseil des 10 Novembre 1658. & 29 Janvier dernier, il soit incessamment travaillé à la confection de notredit Papier Terrier général & universel, en la Chambre Souveraine de notre Domaine, établie au Bailliage de notre Palais à Paris, à laquelle, privativement à tous autres Juges & Officiers, Nous avons attribué & attribuons la connoissance & Jurisdiction générale & souveraine de ladite confection, pour toute l'étendue de notre Royaume, Pays, Terres & Seigneuries de notre obéissance : Et pour cet effet, qu'à la requête de notre Procureur général en notre Cour de Parlement de Paris, Trésorier Général des Chartres de notre Couronne, poursuite & diligence de notre amé & féal Conseiller & Sécretaire, & de notre Maison & Couronne de France & de nos Finances, Pierre Pidou, pour ce commis & établi, au lieu de Maîtres Claude Joubert & Claude Leleu, ci-devant Commis ausdites poursuites, que Nous avons révoquez & révoquons, autant des Présentes soient mises & apposées par tous les lieux & endroits de notred. Royaume, Pays, Terres & Seigneuries de notre obéissance que besoin sera, pour avertir de-

rechef les particuliers détempteurs & poffeffeurs des maifons, héritages, terres, bois,
prez, rentes, feigneuries, droits ou autres
biens en fief ou roture, franc-aleu noble ou
roturier, de quelque nature qu'ils foient,
amortis ou non, dépendans & relevans de
nos Domaines, encore que nofdits Domaines ayent été donnez en apanage, dot,
douaire, ou autrement engagez ou aliénez, foit que lefdits biens appartiennent
à des Communautez eccléfiaftiques & fécu-
lieres, ou à des Particuliers nobles ou roturiers, de quelque qualité & condition qu'ils
puiffent être, même les Engagiftes & Détempteurs, ou Adjudicataires & Admodia-
teurs des péages, travers, bacqs, paffages,
pêcheries, paluds, rivieres, étangs, ufages,
pâturages, bois en grairie, fegrairie, minages, mefurages, hallages, eftallonnages,
voiries, coches, meffageries, greffes, tabel-
lionnages, geôles, boucheries, aydes, courtages, & autres biens, offices & droits domaniaux & héréditaires, dépendans & annexez aux fufdits Domaines, foit qu'ils foient pareillement engagez ou non, & faifant part &
portion d'iceux, ou féparément poffédez, qui
n'ont encore fatisfait & fourni leurs déclarations; qu'ils ayent à le faire inceffamment, &
dans quinzaine au plus tard pour tous délais,

paſſer pardevant les Notaires qui ſeront à ce commis, & non autres, les déclarations auſquelles ils ſont obligez pour la confection de notredit Papier Terrier.

SÇAVOIR.

ARTICLE PREMIER.

Tous Seigneurs, tant ſéculiers qu'eccléſiaſtiques, Communautez, Gens de mainmorte, ou autres quelconques poſſédans fiefs, une déclaration contenant un dénombrement exact de leurs fiefs & arriere-fiefs, cenſives, juſtices, juriſdictions, droits, conceſſions & priviléges annexez à leurs terres & Seigneuries, maiſons & héritages en dépendans, qui leur doivent cens, lods, ventes, faiſines & amendes, & autres droits ſeigneuriaux ſuivant les Coutumes; déclarer par icelles leurs titres d'acquiſition, ſoit vente à perpétuité ou à vie, donation, ſucceſſion, partages, fondation, dotation, ou autres quelconques, en vertu deſquels ils ſont propriétaires & poſſeſſeurs; à quels devoirs & ſervices ils ſont obligez pour raiſon de ce; dater les actes de foi & hommage qu'ils ont faits, & auſquels ils ont été reçus, & les quittances des droits qu'ils en ont payez;

déclarer s'ils en ont fait quelques aliénations
& démembremens, à quelles personnes & à
quel titre; cotter les mesurages & bornages
de la consistance de leurs fiefs & territoires,
si aucuns ont été faits, & en déclarer les
confins & limites, avec les territoires voisins, par nouveaux tenans & aboutissans.

II

Et les particuliers propriétaires, possesseurs & détempteurs des maisons, places,
héritages & autres biens en roture, chacun
une déclaration contenant les noms des propriétaires, la consistance & qualité de leurs
héritages, leur mouvance, charges & redevances, tenans & aboutissans, & représenter les quittances des droits & devoirs par
eux payez.

III.

Seront aussi les Seigneurs apanagers, Da-
mes douairieres, & autres possesseurs & engagistes de nosdits Domaines, & des parts
& portions d'iceux, tenus chacun à leur
égard, de bailler une déclaration des Terres, Seigneuries, & autres Domaines par
eux possédez; & pour la réception d'icelle
en ladite Chambre, y joindre les titres de
leur concession ou contrat d'engagement,
en original ou copies duement collationnées,
pour y être enregistrées, reçues & vérifiées.

IV.

Ce que Nous voulons être pareillement observé à l'égard des adjudicataires & emphitéotes, ou fermiers à longue vie des maisons, échopes, halles ou autres biens domaniaux ; lesquels, ou les détempteurs d'iceux en leur lieu & place, seront tenus de passer une déclaration conforme à leur titre, & le rapporter avec leurdite déclaration pour en requerir l'enregistrement ; dans lesquelles déclarations ils feront mention de la subdivision faite entr'eux, si aucune y a, des noms & surnoms des détempteurs des maisons, échopes & places subdivisées, & des parts & portions par eux occupées & détenues ; sinon que les maisons, échopes, ou autres biens de cette nature à eux aliénez & subdivisez, fussent de consistance & situation différente, & en divers quartiers : auquel cas, pour éviter la confusion & mélange des Fiefs & Seigneuries, ils seront tenus bailler leurs déclarations séparées, & dans icelles cotter particulierement les cens dont lesdits lieux & héritages sont chargez ; à faute de quoi il y sera pourvû par notredite Chambre, ainsi que de raison.

V.

Et à faute par lesdits détempteurs & possesseurs desdits fiefs, terres, héritages, do-

maines & autres biens ci-deſſus, de ſatisfaire
& paſſer dans le ſuſdit tems leur déclaration
en la maniere ſuſdite, Nous voulons & ordonnons qu'ils y ſoient contraints à leurs
frais & dépens, après un itératif commandement, par ſaiſies féodales & cenſieres ſur
les biens par eux poſſédez, ſuivant la nature
& qualité d'iceux, & par amendes coutumieres, ſauf, en cas que les propriétaires &
poſſeſſeurs deſdits biens ſoient abſens, ou
qu'ils ſoient dépoſſédez d'iceux par ſaiſies
réelles, ou qu'ils ayent aucune excuſe légitime, à leur pourvoir par notrédite Chambre, de tel autre délai qui ſera par elle ordonné, ſur les Requêtes qui lui en feront à
cette fin préſentées.

V I.

Seront auſſi leſdits détempteurs des biens
qui ſe trouveront avoir été autrefois chargez
de quelques ſervices, cens, rentes, ou autres droits & devoirs, dont les Receveurs
de notre Domaine auroient fait recette, &
ne la font à préſent, aſſignez à la requête de
notredit Procureur Général, ou de ſon Subſtitut en ladite Chambre, pourſuite & diligence dudit Pidou, pour en bailler leurs reconnoiſſances; & à faute d'y ſatisfaire par
eux dans quinzaine, pour les lieux diſtans
de trente lieues de Paris & au-deſſous, &

pour les autres dans deux mois, seront lesdits biens saisis, & les détempteurs & propriétaires d'iceux assignez en ladite Chambre pour procéder aux fins de ladite saisie, laquelle tiendra jusques à ce qu'ils ayent rapporté piéces suffisantes pour la justification de leurs droits prétendus, & ne leur en sera donné main-levée qu'en payant les frais de leur coutumace, qui seront reglez par ladite Chambre.

V I I.

Seront aussi tous donataires de Nous, de biens & droits domaniaux, places, facultez ou autres droits publics quelconques, qui les tiennent, possedent, ou en jouissent en vertu de Lettres Patentes, soit qu'elles soient vérifiées ou non, & tous autres détempteurs, propriétaires & possesseurs des biens de notre Domaine, soit à titre de don à perpétuité ou à vie, ou à quelques autres charges & conditions que ce soit, tenus en fournir leurs déclarations audit Terrier Général, même communiquer leurs Lettres de don, en bailler copie au Substitut de notredit Procureur Général, pour en être fait Registre, & dire sur icelles ce qu'il avisera.

V I I I.

Et où lesdits détempteurs, possesseurs, donataires & autres susdits, manqueroient à

fournir leurs déclarations au fufdit Terrier
dans le temps préfix, feront iceux, en ce
cas, comme ufurpateurs du Domaine, dé-
chus de la poffeffion des Terres & Seigneuries, & des droits par eux recelez & obmis,
& privez des droits qu'ils pourroient prétendre en iceux, nonobftant toutes poffef-
fions, jouiffances & prefcriptions par eux
prétendues, fuivant la rigueur des Ordonnances.

I X.

Et pour duement inftruire les particuliers
détempteurs des biens fujets à bailler leurs
déclarations audit Terrier, de ce qu'ils ont
à faire, & leur ôter tout prétexte d'excufe,
Nous voulons & ordonnons que chacun defdits détempteurs foit tenu, dans les termes
ci-deffus, de s'adreffer à un des Notaires
commis pour le fait du fufdit Terrier, &
pardevant lui paffer leurs déclarations en la
forme fufdite, & conformes à leurs titres :
Les minutes defquelles déclarations lefdits
détempteurs préfenteront, chacun à leur
égard, avec leur Requête, en ladite Chambre, pour, après icelles jugées, fur les conclufions dudit Subftitut, en être enfuite fait
trois expéditions en parchemin par ledit Notaire ; l'une pour les détempteurs, une autre pour être mife ès mains du Greffier de

nos Chambres des Comptes , & la troisiéme
au Tréfor de nos Chartres , par ordre , &
par Bailliages & Généralitez.

X.

Et pour le foulagement defdits particuliers , ils pourront, fi bon leur femble , mettre leurfdites déclarations & piéces ès mains
dudit Pidou , lequel fera faire les diligences
pour la vérification & reception defdites déclarations à leur charge , fans que pour ce ,
lui ni fes Commis puiffent prendre ni demander aufdits particuliers aucune chofe , ni
qu'ils foient tenus de payer autres droits
que ceux ci-après déclarez.

XI.

Et en cas que pour éclaircir & défendre
nos droits fur les déclarations qui feront
fournies , il foit néceffaire de recourir aux
anciens Papiers Terriers & de recette , comptes , ou autres titres quelconques , concernans les droits de notre Couronne , feront
les Receveurs & Contrôleurs defdits Domaines , Greffiers , Garde des Archives ,
Notaires , Tabellions , & autres perfonnes
publiques , qui les auront en leur poffeffion ,
tenus les repréfenter & communiquer , tant
audit Subftitut qu'audit Pidou , ou autres
ayans charge de lui ; à quoi faire ils feront

contraints

contraints par toutes voies dûes & raisonnables, & amende arbitraire.

XII.

Ordonnons en outre qu'à la diligence des
Substituts de notredit Procureur Général,
chacun au ressort de leur établissement, il
soit fait (si fait n'a été) un bref inventaire
desdits Papiers Terriers, & de recettes,
comptes, & autres titres concernans nos
droits & domaines, qui se trouveront ès Archives des susdits Siéges ; & autant dudit
inventaire, ou du recolement de celui qui
en pourroit avoir été fait ci-devant, par eux
envoyé à notredit Procureur Général, ou à
son Substitut en ladite Chambre, pour servir à la justification de nosdits droits.

XIII.

Pour faire cesser les plaintes des poursuites ci-devant commencées contre aucuns détempteurs des biens dépendans des Seigneurs
particuliers, ledit Pidou & ses Commis seront tenus de commencer lesdites poursuites
contre les Seigneurs des Fiefs relevans de
Nous, pour les obliger à fournir audit Terrier, leurs déclarations de la consistance,
bornes & limites de leurs fiefs, & de ce qui
est tenu & dépendant d'iceux en fief & ro-
rure, sans qu'ils puissent agir contre les particuliers détempteurs des biens assis en l'é-

tendue defdits fiefs, que les temps portez par les commandemens faits aufdits Seigneurs particuliers, ne foient expirez, fi ce n'étoit que lefdits héritages euffent été cidevant reconnus être dépendans de notre Domaine, ou qu'ils fuffent affis & fituez en lieux efquels il y auroit d'autres héritages ou maifons en notre cenfive.

XIV.

Et pour faire encore que l'exécution dudit Terrier fe puiffe faire avec plus de foulagement pour nos fujets des Provinces, Nous voulons qu'il foit loifible, tant aux poffeffeurs des biens roturiers, que détempteurs de biens domaniaux engagez qui ne confiftent qu'en roture, fiefs fans Juftice, & menus offices domaniaux, affis en l'étendue des Bailliages & Sénéchauffées, de paffer leurs déclarations pardevant les Notaires des lieux, Greffiers ou autres perfonnes ayans ferment à Juftice, qui feront pour cet effet pareillement commis, & icelles faire recevoir & vérifier pardevant les Officiers des Bailliages, Sénéchauffées, & autres Siéges qui feront auffi pour ce fubdéléguez par ladite Chambre, avec les Subftituts de notredit Procureur Général efdits Siéges, & le Commis particulier dudit Pidou en ladite étendue dans le temps préfix, à la charge par ledit Commis d'envoyer au Greffe de ladite Chambre de trois mois en trois mois, deux groſſes de chacunes déclarations, qui feront reçues fur les lieux par leſdits Officiers, avec l'extrait des Jugemens de réception au bas d'icelles, pour être inférées avec celles qui feront paſſées en cette Ville audit Terrier général, ſuivant la diſtinction des Bailliages & Sénéchauſſées ; la connoiſſance des autres Domaines nobles & féodaux, ou autres biens tenans d'iceux en fief, eſquels il y a Juſtice annexée, demeurant au ſurplus à ladite Chambre.

X V.

Et pour ſatisfaire aux ſalaires deſdits Notaires, & frais de l'expédition, tant des minutes que trois groſſes en parchemin de chacune déclaration, réception, vérification & enregiſtrement d'icelles en notre Chambre ſouveraine, vacations de nos Commiſſaires & Subſtituts, frais d'appoſitions d'affiches, & itératifs commandemens, impreſſions, établiſſemens de Bureau & Commis, & tous autres frais généralement qu'il conviendra faire pour parvenir à la confection dudit Papier Terrier général & univerſel : Nous voulons qu'il ſoit ſeulement pris & reçu de chacun deſdits détempteurs & poſſeſſeurs ; ſçavoir, pour les déclarations qui feront four-

nies pour les biens en roture, qui n'excéde-
ront quatre mille livres de valeur en fonds,
huit livres parisis ; pour celles desdits biens
en roture de valeur au-dessus desdites quatre
mille livres, à quelques sommes qu'ils puissent monter, quinze livres parisis ; pour les
déclarations des biens en fief, dont chacunes des grosses ne contiendront que trois rôles de parchemin, vingt livres parisis, sauf à
faire par notredite Chambre telle taxe que
de raison, pour celles qui contiendront plus
grand nombre de rôles, ou celles des Hauts-
Justiciers, ou de plus longue discussion, sans
qu'il puisse être pris ni exigé davantage ; ce
que Nous défendons très-expressément, à
peine de concussion.

XVI.

Et d'autant qu'il est très-important au
bien de notre service, qu'en travaillant à la
confection dudit Terrier général & universel, il soit semblablement procédé à la recherche des usurpations faites sur nos Domaines & droits d'iceux, circonstances &
dépendances, Nous voulons & ordonnons
qu'à la requête de notredit Procureur Général, poursuite & diligence dudit Pidou,
il soit fait une exacte recherche de toutes
les usurpations & entreprises qui se trouveront avoir été faites sur notredit Domaine,

de quelque nature qu'elles puissent être, en l'étendue de notredit Royaume, Pays, Terres & Seigneuries de notre obéissance, soit en fonds d'héritages, ou en droits de censives, quints, requints, reliefs, rachats, lods, ventes, treiziémes, même des établissemens de censive sans titres, & autres généralement quelconques, dont Nous voulons les usurpateurs & injustes possesseurs être privez & contraints à la restitution des fruits, revenus & arrérages qu'ils en auroient perçus, pour être lesdites choses usurpées, réunies à notre Domaine, & les deniers provenans desdites restitutions, payez à la diligence dudit Pidou, sous lesdites quittances du Trésorier général de nos Domaines : A quoi faire, ceux qui se trouveront redevables seront contraints par toutes voies, comme pour nos propres deniers & affaires.

XVII.

Et afin que la confection de notred. Terrier général & universel ne puisse être empêchée ou retardée par les Terriers que les Seigneurs particuliers peuvent avoir commencez, suivant les permissions que Nous leur en pouvons avoir accordées, Nous voulons & ordonnons par ces présentes, que l'exécution de tous lesdits Terriers particuliers généralement, soit & demeure suspendue jusques à

ce que notredit Terrier général & universel
soit parfait & accompli, ou qu'ils ayent fourni & fait recevoir leurs déclarations en la
forme ci-dessus, en notre Chambre.

SI DONNONS EN MANDEMENT à nos
amez & féaux Conseillers, les Commissaires
de la Chambre Souveraine du Domaine par
Nous établie pour la confection de notredit
Papier Terrier général au Bailliage de notre
Palais à Paris, qu'ils fassent regiſtrer ces
Préſentes au Greffe de notredite Chambre, & le contenu en icelles garder, obſerver & exécuter de point en point ſelon
leur forme & teneur, nonobſtant toutes
choſes contraires, auſquelles Nous avons
expreſſément dérogé & dérogeons. Voulons
qu'aux copies duement collationnées par l'un
de nos amez & féaux Conſeillers & Secretaires foi ſoit ajoutée comme à l'original :
Car tel eſt notre plaiſir. Donné à Paris le
vingt-ſixiéme jour de Mars, l'an de grace
1659. & de notre Regne le ſeiziéme. *Signé*,
LOUIS; *& plus bas*, Par le Roi, DE
LOMENIE. Et ſéellées du grand Sceau de
cire jaune ſur double queue.

L'adreſſe de cette Déclaration à la
Chambre Souveraine du Domaine,

donna lieu à plusieurs Trésoriers de France de différentes Généralités, de rendre plusieurs Ordonnances pour en empêcher l'exécution. La Chambre se plaignit ; & en conséquence intervint Arrêt du Conseil le 24 Septembre 1659. qui cassa & révoqua les Ordonnances des Trésoriers de France, de Moulins, Montauban & Ryom, des 29 Juillet, 4, 5, 8 & 12 Août & 3 Septembre présent mois ; leur fit très-expresses inhibitions & défenses de plus donner de semblables Ordonnances, prendre connoissance ni s'entremettre en la confection dudit Terrier, en quelque maniere que ce soit, à peine de dix mille livres d'amende, suppression de leurs Charges, radiation de leurs gages, sans espérance de rétablissement, & de tous dépens, dommages & intérêts.

Quelques Engagistes des Domaines, entr'autres le sieur de Turenne, voulurent aussi se soustraire à l'exécution de cette Déclaration, en y

formant opposition ; ils en furent dé-
boutés par Arrêt de la Chambre du
Domaine du 4 Décembre 1659. qui
ordonna que les détempteurs des biens
tenus tant en fief, censive, que franc-
aleu, noble ou roturier , dans l'étendue de leurs engagemens, fourniroient
leurs déclarations au Terrier du Roi ;
à quoi faire ils seroient contraints suivant les Reglemens de ladite Chambre.

Les habitans de Neuilly S. Front ,
prétendans ne pas devoir déclaration
des biens qu'ils disoient tenir en franc-
aleu, la Chambre décida par son Arrêt
du 11 Décembre 1659. qu'ils seroient
tenus de bailler & fournir au Roi, à
part & séparément, les declarations
desdits biens & autres par eux possédés, prétendus être en franc-aleu, &
en justifier les titres pardevant le Juge
subdélégué par ladite Chambre, en la
maniere accoutumée, & dans les délais portés par les Reglemens de ladite Chambre, sinon qu'ils y seroient
contraints.   Le

Le sieur Godier Procureur & Consorts ayant surpris un appointement
au Parlement de Paris, sur l'opposition formée aux déclarations qu'ils devoient au Papier Terrier du Domaine
de Sa Majesté, le Parlement, par Arrêt du 13 Février 1660. ordonna que
ledit appointement du 12 Janvier dernier, reçu & expédié par surprise, seroit rapporté ; fit défenses ausdits sieurs
Godier & Consorts de s'en servir, &
à tous Juges d'y avoir aucun égard ;
ordonna l'exécution des Déclarations
du Roi pour la poursuite & la confection dudit Terrier, Arrêts & Reglemens de ladite Chambre, nonobstant
toutes oppositions faites ou à faire,
sur lesquelles, si aucunes interve-
noient, les Parties seroient tenues de
se pourvoir en ladite Chambre, & fit
défenses de se pourvoir ailleurs, à
peine de nullité, cassation de procédures, & de tous dépens, dommages
& intérêts.

Le sieur Godier ne se rendit pas en-

Seconde Partie.   N

core à cette condamnation, & il ne
fut pas poſſible de lui faire paſſer déclaration des maiſons & héritages
qu'il poſſédoit en la cenſive du Roi.
La Chambre ordonna par ſon Arrêt
du 18 Mars 1660. que dans trois jours
de la ſignification dudit Arrêt, pour
toutes préfixions & délais, ledit Godier ſeroit tenu de fournir & faire recevoir ſa déclaration, & payer les
droits pour ce ordonnés; autrement,
& à faute de ce faire dans ledit tems,
& icelui paſſé, qu'il y ſeroit contraint
tant par ſaiſie & arrêt des loyers & revenus de ſes maiſons & héritages, entre
les mains des locataires, que ſaiſie réelle
& établiſſement de Commiſſaires à icelles, & en outre le condamna en cent
livres d'amende, (dont il ne pourroit
être déchargé pour quelque cauſe que
ce ſoit) applicable à l'Hôpital général
de la Ville de Paris, & que le préſent
Arrêt ſeroit exécuté nonobſtant oppoſitions ou appellations quelconques.

La Chambre du Domaine cessa en
1662. ses fonctions. Cependant les
Commis de Me. Pierre Pidoux, Commis général à l'accélération du Terrier, ne laisserent pas de décerner plusieurs contraintes contre différens particuliers, pour raison de déclarations
faites ou à faire audit Papier Terrier.
Le Procureur général du Parlement de
Paris en eut avis, présenta Requête à
la Cour; & sur le rapport de Me. Jean
Doujat, Conseiller, il intervint Arrêt
le 6 Mai 1662. qui ordonna que les
grosses de déclarations contenues à
l'inventaire mis par ledit Pidoux ès
mains dudit Jannart, Substitut du
Procureur Général du Roi en ladite
Chambre du Terrier, seroient, à sa
diligence, portées au Trésor des Chartres, après qu'elles auroient été reliées
& mises en état d'être conservées; à
l'effet de quoi il seroit délivré exécutoire contre ledit Pidoux, & que dans
quinzaine ledit Pidoux seroit tenu rapporter les pareilles grosses par lui rete-

nues des mêmes déclarations, pour être icelles, aussi à la diligence dudit Substitut, mises en ordre de registre, & duement reliées & portées au Greffe de la Chambre des Comptes, suivant les Déclarations du Roi ; que dans le même tems de quinzaine ledit Pidoux représenteroit pardevant ledit Conseiller Rapporteur du présent Arrêt, les autres déclarations fournies en ses mains, ou celles de ses Commis, par les particuliers détempteurs sujets à icelle, & fera serment qu'il n'en retient aucunes ; que les Commis dudit Pidoux feroient la même affirmation pardevant les Juges des lieux, subdélégués pour ledit Terrier, en présence du Substitut du Procureur Général du Roi en leurs Siéges, & qu'à leurs diligences les déclarations qui feroient restées ès mains desdits Commis, & par eux représentées ausdits Juges subdélégués, feroient apportées en cette Ville, pour être icelles jointes aux précédentes, & portées esdites Cham-

bres des Comptes & Tréfor des Chartres, diftributivement, fuivant les
Déclarations du Roi. En outre, que
tant ledit Pidoux que lefdits Commis
feroient tenus de bailler dans le même
tems, chacun à leur égard, & mettre
au Greffe de ladite Chambre du Terrier, ou ès mains du Subftitut du Procureur Général du Roi en icelle, un
état ou mémoire figné & certifié d'eux,
des terriers, cueillerets, comptes &
autres titres, mémoires & inftructions
qu'ils ont en leur poffeffion, concernant le Domaine du Roi, & les ufur-
pations faites fur icelui dans l'étendue
de leur Commiffion, enfemble un
état des déclarations reftantes à fournir ès lieux de leur établiffement qui
font de leur connoiffance, avec le rôle des amendes par eux reçues defdits
particuliers défaillans, & les comptes
qu'ils en ont rendus, certifiés par lefdits Subftituts fur les lieux, & que les
Notaires employés à recevoir les minutes des déclarations fournies audit

N iij

Terrier seroient aussi tenus bailler audit Procureur Général du Roi, ou à ses Substituts sur les lieux, chacun à leur égard, un état signé & certifié d'eux, contenant le nombre des déclarations par eux reçues, & les noms & surnoms des détempteurs qui les ont passées, pour lesdits extraits être joints aux inventaires des déclarations fournies par ledit Pidoux, & servir & valoir ce que de raison. Enfin, qu'il seroit sursis pour six mois à toutes exécutions & contraintes contre lesdits sujets du Roi pour raison dudit Terrier, pendant lesquels les détempteurs sujets à fournir leurs déclarations, feront diligence pour recouvrer les titres de leurs possessions; & cependant leur fait ladite Cour main-levée des saisies sur eux faites pour raison de ce, à leur caution juratoire; le tout par provision, & jusqu'à ce qu'il en ait été autrement par ladite Cour ou ladite Chambre du Terrier, ordonné.

Depuis cet Arrêt, les Commis au

Terrier ayant encore franchi les bornes de leur pouvoir, & donnant indistinctement assignation à tous particuliers de venir passer déclarations; sur les plaintes qui en furent faites, le Roi rendit, *le 4 Janvier 1673.* un Arrêt en forme de Reglement, qui porte:

Que pour parvenir à la confection dudit Papier Terrier dans toutes les Provinces du Royaume, nouvelles affiches seront mises & apposées aux portes des Eglises, poteaux, & aux endroits des lieux & places publiques, même publiées à son de trompe ou de tambour, & publiées aux Prônes des Messes Paroissiales des lieux; Contenant que tous les particuliers détempteurs & possesseurs des terres, seigneuries, maisons, héritages, prés, bois, & autres biens & droits généralement dépendans & relevans de ses Domaines, tant engagez que non engagez, passeront pardevant Notaires, ou au Greffe des Commissaires ou de leurs Subdéléguez, dans le tems porté par les Coutumes, ou qui sera limité par lesdites affiches, leurs déclarations & reconnoissances nécessaires pour la confection dudit Papier Terrier.

N iiij

SÇAVOIR.

Les poſſeſſeurs des Terres & Seigneuries, & autres biens & droits nobles, mouvans & relevans immédiatement de Sa Majeſté à cauſe deſdits Domaines, leſquels en auront fait les foi & hommage, fourni & fait recevoir leurs aveux & dénombremens en la Chambre des Comptes, comme ils ſont obligez, une déclaration ſommaire, contenant ſimplement qu'ils ſont propriétaires & détempteurs des Terres & Seigneuries dont ils exprimeront les confins & limites, & les tenans & aboutiſſans des territoires voiſins; avec leſquelles déclarations ils fourniront des copies collationnées des Actes deſdits foi & hommage, aveux & dénombremens, & repréſenteront les quittances des droits ſeigneuriaux féodaux qu'ils en auront payez; & en cas qu'ils n'ayent encore fourni & fait recevoir leurſdits aveux & dénombremens, ils paſſeront leurs déclarations, contenant la conſiſtance de leurſdits Fiefs, Terres & Seigneuries, & des Arriers-fiefs qui en relevent, les droits de Juſtice, Cenſives, & autres droits & privileges annexez à leurſdites Terres : Déclareront les titres en vertu deſquels ils les poſſedent, ſoit par ſucceſſion,

donation ou acquifition ; à quels devoirs &
fervices ils font obligez ; & s'ils ont fait quelques aliénations & démembremens , à quelles perfonnes & à quel titre.

Les particuliers propriétaires , poffeffeurs
& détempteurs des maifons , places , héritages , & autres biens en roture , tenus en
cenfive & directe des Domaines de Sa Majefté , tant auffi de ceux qui font en fes
mains , que des Domaines engagez , pafferont femblablement chacun une déclaration ,
contenant leurs noms & la confiftance &
qualité de leurs héritages , leurs tenans &
aboutiffans ; de quelle cenfive & redevance
ils font chargez : & pareillement s'ils poffedent lefdits héritages par fucceffion , donation ou acquifition , & quels en font leurs
titres & contrats.

Les Engagiftes des terres , maifons , boutiques , échopes & places dépendantes defdits Domaines & portions d'iceux , tant en
fief qu'en roture , feront pareillement tenus
de paffer chacun leur déclaration , contenant les noms & qualitez des Terres &
Seigneuries , maifons & héritages , parts &
portions defdits Domaines : Exprimeront
le prix de leur engagement , les charges dont
ils font tenus , & les dates des contrats d'engagement & quittances de finance.

Les Particuliers qui poſſedent des maiſons, fermes, droits, & autres biens dépendans deſdits Domaines par baux emphitéoſes, à temps ou à vie, paſſeront auſſi chacun leur déclaration, contenant la conſiſtance & qualité des choſes par eux poſſédées, leurs tenans & aboutiſſemens ; cotteront le temps & les conditions auſquelles les choſes leur auront été délaiſſées, & combien ils en doivent encore jouir.

Tous Donataires de châteaux, maiſons, héritages, places, iſles, bacqs, batteaux, ponts, paſſages, péages, & autres droits & biens domaniaux généralement, ſoit qu'ils les tiennent en vertu de Lettres Patentes vérifiées ou non, à quelque condition que ce ſoit, paſſeront ſemblablement leur déclaration, contenant par le menu les choſes par eux poſſédées, leurs ſituations, & la date de leurs Lettres de don, & Arreſts de vérification d'icelles.

Les Particuliers poſſédans Terres & Seigneuries, maiſons & héritages, tant en fief qu'en roture, leſquels prétendront les tenir en franc-aleu noble ou roturier, paſſeront pareillement leur déclaration deſdits biens par eux poſſédez en ladite qualité, leſquels ils exprimeront par tenans & aboutiſſans en la maniere ſuſdite.

Toutes lesquelles déclarations ainsi passées pardevant lesdits Notaires, ou ausdits
Greffes, tous lesdits particuliers seront tenus, chacun à leur égard, d'en fournir au
Commis pour ce établi une expédition en
grosse en parchemin, signée desdits Notaires ou Greffier ; avec lesquelles ils représenteront ausdits Commis leurs Contrats d'acquisitions , partages , donations , Contrats
d'engagemens , Quittance de Finance , Lettres de don , & autres titres justificatifs de
leurs possessions & jouissances , avec les Quittances des payemens qu'ils auront faits des
droits seigneuriaux dûs aux mutations , suivant les Coutumes : De tous lesquels titres
& enseignemens ledit Commis retiendra tels
extraits ou copies que bon lui semblera , sans
que pour ladite retention & copie il puisse
rien prétendre ni exiger desdits particuliers ,
à peine de concussion.

Et si lesdites déclarations se trouvent véritables , elles seront admises & reçues pardevant lesdits Commissaires ou leurs Subdéléguez , dont il sera donné un Acte sommaire
ausdits particuliers ; le tout sans autres frais
que l'expédition desdits Notaires ou Greffiers , qui sera réglée par lesdits Commissaires.

Et en cas que lesdites déclarations ne suf-

fent véritables , tant en la qualité & confiftance defdits héritages , que des droits &
redevances dont ils peuvent être chargez ,
pour raifon de quoi il foit formé conteftation contr'eux pardevant lefdits Commiffaires ou leurs Subdéléguez, à la requête du
Procureur de Sa Majefté , pourfuite & diligence dudit Commis ; & que par les Jugemens qui interviendront, lefdits particuliers
foient condamnez à réformer leurs déclarations ; ils payeront les frais & dépens de ladite conteftation , fuivant la taxe qui en fera
faite : Et feront les procédures qu'il conviendra faire pour raifon de ce , fommairement
inftruites & jugées.

Et fi lefdits particuliers poffédans maifons,
terres & héritages en roture, ne peuvent juftifier par les titres, contrats, ou autres enfeignemens, les cenfives dont lefdits héritages font chargez, il en fera impofé d'office
par lefdits Commiffaires, à raifon de leur
confiftance, & des maifons, terres & héritages voifins, & fuivant les Coutumes des
lieux, fans préjudice toutefois aux droits de
Sa Majefté, & defdits particuliers refpecti-
vement, en cas que ci-après il foit juftifié
que lefdits héritages foient tenus de plus
grandes ou moindres charges.

Et à faute par tous lefdits particuliers généralement, de quelque qualité & condition qu'ils soient, de passer & fournir dans ledit délai, leurs déclarations en ladite forme, & repréfenter leurs titres & contrats, pour être reçus en la maniere ci-devant exprimée, il fera procédé à leurs frais & dépens par faifie defdits héritages, fruits & revenus d'iceux, & autres voies, fuivant les Ordonnances & Coutumes des lieux où les biens feront fi-tuez.

Veut Sa Majefté, que le préfent Regle-ment foit gardé & obfervé; faifant très-ex-preffes défenfes aux Commis prépofez à la pourfuite & confection dudit Terrier, de faire donner des affignations à toutes perfon-nes indifféremment, pour venir déclarer s'ils poffedent des héritages en la mouvance & directe de Sa Majefté, ou non, à peine des dépens, dommages & intérêts des particuliers qui auroient été affignez contre l'inten-tion de Sa Majefté, & au préjudice dudit préfent Reglement: Enjoignant aux Com-miffaires départis dans les Provinces & Gé-néralitez d'y tenir la main exactement, & à l'exécution de tout ce que deffus, que Sa Majefté veut être exécuté, nonobftant op-pofitions ou appellations quelconques, & fans préjudice d'icelles, dont fi aucunes in-terviennent, elle fe retient la connoiffance

& à son Conseil, l'interdisant à toutes ses
Cours & Juges. FAIT au Conseil d'État
du Roi, tenu à S. Germain en Laye le 4
Janvier 1673. *Signé*, BERRYER.

TAXES DES FRAIS
dudit Papier Terrier.

IL fut aussi rendu dans la même
année un Reglement pour les frais
des expéditions des déclarations qui
devoient être fournies au Terrier du
Domaine de Sa Majesté.

Du premier Juillet 1673.

Extrait des Registres du Conseil d'Etat.

LE Roi voulant regler les frais des expéditions des déclarations qui doivent être
fournies au Terrier de Sa Majesté par ses sujets, & les Communautez Séculieres & Régulieres qui possedent des terres, seigneuries, maisons, héritages, prez, bois, & autres biens & droits généralement relevans &
tenus en fief & censive de ses Domaines,

tant engagez que non engagez, réception
d'icelles, actes qui en doivent être délivrez,
& des saisies & poursuites qui se pourront
faire en conséquence, & empêcher que sous
prétexte desdits frais, il ne soit exigé desdits
particuliers plus qu'il n'est raisonnable ; s'é-
tant fait représenter les Mémoires envoyez
par aucuns des Commissaires départis dans
les Provinces & Généralitez, ausquels la di-
rection pour la confection dudit Terrier a
été envoyée : L'intention de Sa Majesté
étant que les contestations qui pourront naître pour raison de ce, soient jugées & termi-
nées par les Lieutenans Généraux ou Particuliers, ou autres Officiers des Justices ordinaires, qui seront à cet effet subdéléguez
par lesdits Commissaires départis, à la requête des Procureurs de Sa Majesté dans lesdits Siéges, poursuite & diligence de M^e.
Claude Vialet, Fermier Général des Domaines de France : Oui le Rapport du sieur
Colbert, Conseiller ordinaire au Conseil
Royal, Contrôleur Général des Finances.
SA MAJESTÉ EN SON CONSEIL, a
ordonné & ordonne, que pour l'expédition
tant de la minute que grosse de chacune des
déclarations à fournir pour parvenir à la
confection dudit Papier Terrier, tant des
terres, seigneuries & biens nobles, que des

héritages en roture, il sera payé aux Notaires ou Greffiers devant lesquels lesdites déclarations seront passées : Sçavoir, pour leurs salaires & vacations de faire & dresser ladite déclaration, & pour l'expédition de la minute en papier, contenant deux feuillets ou quatre pages en minute, trente sols ; & si lad. minute contient plus grand nombre de feuillets ou rôles de papier, à raison de dix sols pour chacun rôle de deux pages.

Pour la grosse en parchemin de chacune déclaration qui doit être fournie au Terrier, du volume & grandeur ordinaire de Contrats, à raison de vingt sols pour chacun feuillet ou rôle de parchemin contenant vingt-cinq lignes à la page, & quinze syllabes au moins à chacune ligne, d'écriture bien lisible.

Et si le possesseur en veut pour lui une expédition en papier ; il sera payé huit sols de chacun feuillet ou rôle de grand papier écrit comme dessus.

Pour la vérification & réception de chacune déclaration des Fiefs, Terres & Seigneuries, au Juge trente sols, & au Procureur du Roi quinze sols ; & pour les héritages en roture, au Juge dix sols, & au Procureur du Roi cinq sols.

Pour

Pour l'Acte sommaire qui sera délivré par le Greffier, de la réception de chacune desdites déclarations, qui sera mis au bas d'icelle, & signée du Juge & du Greffier, pour le salaire du Greffier le tiers de l'émolument du Juge.

Pour les saisies qui seront faites à la campagne, faute par les possesseurs de passer, fournir & faire recevoir leurs déclarations, à l'Huissier ou Sergent soixante sols, compris le contrôle de l'exploit ; & pour les saisies des maisons & héritages dans les Villes, fauxbourgs & banlieues quinze sols, compris le contrôle de l'exploit.

Si les possesseurs ne fournissent pas leurs déclarations après lesdites saisies, & qu'il convienne faire ordonner que les Fermiers & locataires des biens saisis payeront les peines & amendes esquelles lesdits possesseurs seront condamnez pour leur contumace, les frais seront taxez par les Juges subdéléguez aux proportions ci-dessus.

Pour chacun commandement qu'il conviendra faire en exécution desdits Jugemens, quinze sols, compris le contrôle ; & pour l'exécution & contrainte dans les Villes, fauxbourgs & banlieues, vingt sols ; & pour la campagne, suivant la distance des lieux,

Seconde Partie. O

à raison de quinze sols pour lieue, pour aller & pour le retour.

Pour le Jugement de main-levée desdites saisies qui seront obtenues par lesdits possesseurs, après avoir fourni & fait recevoir leurs déclarations, au Juge quinze sols, au Procureur du Roi cinq sols, & au Greffier pour l'expédition desdits Jugemens dix sols.

Si lesdites déclarations sont blâmées par le Procureur de Sa Majesté, & par le Contrôleur Général ou Fermier des Domaines, & que les possesseurs soient condamnez de les réformer, ils seront condamnez aux dépens de leur mauvaise contestation, dont la liquidation sera modérément faite par lesdits Juges subdéléguez, aux proportions ci-dessus.

Ne sera délivré aucun exécutoire séparé pour les frais ordonnez ci-dessus être taxez, mais sera la somme comprise dans le Jugement.

Ordonne Sa Majesté aux Commissaires départis dans les Provinces & Généralitez du Royaume, chacun dans leur département, de commettre pour la confection dudit Papier Terrier les Lieutenans Généraux ou Particuliers, ou autres Officiers des Bailliages, Sénéchaussées, & autres Justices ordinaires qu'ils connoîtront plus capables,

un ou deux au plus pour chacun Bailliage &
Sénéchaussée, sans qu'ils puissent s'entremettre à la réception des déclarations, &
autres Actes nécessaires pour parvenir audit
Papier Terrier.

Fait Sa Majesté défenses à tous autres
Officiers de s'entremettre à la vérification
& réception desdites déclarations & actes,
s'ils n'ont commission particuliere & expresse de Sa Majesté, expédiée en la grande
Chancellerie : Et aux Juges subdéléguez,
Procureurs de Sa Majesté, Greffiers, Huissiers & Sergens, de prendre plus grandes
sommes que celles ci-dessus : Et à toutes
autres personnes, sans aucunes excepter,
de rien exiger des sujets de Sa Majesté pour
raison dudit Terrier, sous quelque prétexte
que ce soit, à peine de concussion.

Et sera le présent Reglement lû, publié
& affiché où besoin sera, & exécuté nonobstant oppositions ou appellations quelconques, dont si aucunes interviennent, Sa
Majesté s'en est réservé la connoissance en
son Conseil, & icelle interdite à toutes ses
autres Cours & Juges. FAIT au Conseil
d'État du Roi, tenu à Paris le premier Juillet 1673. *Signé*, RANCHIN.

Ce Reglement n'eut lieu que jusqu'au 18 Février 1679. que le Roi modéra par un autre Reglement lesdits droits. Sçavoir;

Six sols pour chaque page d'écriture contenant trente lignes, & vingt syllabes à la ligne, tant pour le salaire des Notaires que pour le coût du papier & timbre d'icelui, & pour demie page à proportion.

Pour les grosses en parchemin des déclarations, 12 sols 6 deniers, pour chacune page d'écriture de vingt-cinq lignes & quinze syllabes à la ligne, tant pour le salaire des Notaires que pour le coût du parchemin & timbre d'icelui, & pour la demie page à proportion.

Les Notaires qui recevront les déclarations les mettront de suite, tant dans leurs minutes que grosses, pour celles des héritages situés en même Paroisse, masure, aisnesse & de proche en proche, sans laisser aucuns blancs, sinon de la place pour la signature des Parties, Témoins & Notaires.

Pour la vérification & réception de chacune déclaration, au Juge 10 fols, & au Procureur du Roi 5 fols.

Au Greffier, pour l'acte fommaire qui fera par lui mis fur chacune déclaration de la réception d'icelle, 3 fols 4 deniers.

Pour chacune faifie de maifons & héritages dans les Villes, Bourgs & Paroiffes, faute par les poffeffeurs de fournir & faire recevoir leurs déclarations aux termes des Reglemens, 15 f. compris le contrôle & le timbre du papier.

Si les poffeffeurs ne fourniffent leurs déclarations après les faifies, & qu'il convienne faire payer par les fermiers & locataires des biens faifis, les peines & amendes efquelles les détempteurs auront été condamnés pour leur contumace, les frais feront taxés par les fieurs Commiffaires nommés par Sa Majefté.

Pour chacun commandement fait en vertu & pour l'exécution des Jugemens des Sieurs Commissaires, 15 f. compris le contrôle & timbre du papier.

Pour chacune exécution ou contrainte, faites dans les Villes principales des Généralités, & fauxbourgs d'icelles, vingt fols.

Pour chacune exécution & contrainte faites à la campagne, fera payé, fuivant la diftance des lieux, à raifon de 15 fols par lieue, compris le papier timbré, le contrôle & le retour.

Pour chacun Jugement de mainlevée des faifies qui feront obtenues par les détempteurs, après avoir fourni & fait recevoir leurs déclarations, au Juge 15 fols, au Procureur du Roi 5 fols, & au Greffier pour l'expédition dix fols.

Si les déclarations font blâmées par les Procureurs de Sa Majefté, & par les Commis à la pourfuite du Terrier, & que les détempteurs foient jugés tenus de les réformer, ils feront condamnés aux dépens de leur mauvaife contestation, dont la liquidation sera faite par les Commissaires nommés par Sa Majesté, aux proportions ci-dessus.

Ne sera délivré aucun exécutoire pour les frais ordonnés ci-dessus être taxés; mais sera la somme liquidée comprise dans le Jugement.

Enfin en 1683. le Roi modéra encore lesdits droits, ainsi qu'on le peut voir dans l'Arrêt qui suit.

ARREST DU CONSEIL,
qui regle & fixe les droits qui doivent être payez pour la continuation du Papier Terrier.

Du 18 Juin 1683.

Extrait des Registres du Conseil d'Etat.

LE Roi s'étant fait représenter les Arrêts & Reglemens de son Conseil, des premier Juillet 1673. & 18 Février 1679, Contenant les droits qui doivent être payez aux

Notaires & aux Officiers commis par Sa
Majesté, pour la continuation de son Papier Terrier, tant pour les minutes que pour
les grosses de chacune déclaration ; & encore les droits d'enregistrement, vérification & réception attribuez aux Commissaires, Procureur du Roi, & Greffier de la
Commission du Domaine, ès Généralitez du
Royaume, ensemble des exploits de commandement, saisies, établissemens de Commissaires, & autres. Et voulant Sadite Majesté regler la dépense desdits frais, sur un
pied encore plus foible que celui fixé par les
précédens Arrests : Oüi le Rapport du Sieur
Colbert, Conseiller ordinaire au Conseil
Royal, Contrôleur Général des Finances.
LE ROI ÉTANT EN SON CONSEIL,
a ordonné & ordonne, que les Communautez & Particuliers qui jouissent d'héritages
ou droits, chargez envers le Domaine de Sa
Majesté, de cens, rentes & redevances,
tant en deniers qu'en espéces, de quelque
nature qu'elles soient, & à quelque titre que
ce soit, en passeront leurs déclarations pardevant les Notaires qui auront été pour ce
choisis, en chacun Bailliage, Prevosté,
Chastellenie ou Viguerie, dont seront expédiées deux grosses par ceux qui seront à ce
préposez par les Commissaires à ce députez :

Pour

Pour raison de quoi, ne sera payé; Sçavoir,
Pour chaque page de minute, composée de
trente lignes, & chaque ligne, de vingt-deux
syllabes, que 6 sols. Pour chacune page de
grosse en parchemin, avec le même nombre
de lignes & de syllabes, 6 s. en ce compris
le papier & parchemin timbré. Pour la vérification & réception de chacune déclaration, telle qu'elle puisse être, aux Commissaires du Domaine 10 sols, au Procureur du
Roi 5 sols, & au Greffier 3 sols 4 deniers:
Lesquels droits seront payez par le détempteur de l'héritage, entre les mains du Notaire qui recevra sa déclaration, lequel retiendra les droits de minute, & délivrera le
surplus, suivant & ainsi qu'il sera ordonné
par les sieurs Commissaires départis en chacune Généralité. Pour les Procès-verbaux
de saisie & établissement de Commissaires ou
Sequestres, dans les Villes & gros Bourgs,
15 sols, les droits de contrôle en ce compris, que Sa Majesté a modéré à 2 sols 6 deniers. Pour pareils Procès-verbaux de saisie,
avec établissement de Commissaires, à la
campagne, sera payé à raison de 15 sols par
lieue, pour le voyage & retour de l'Huissier,
& pour tout le papier & contrôle d'exploits,
dont Sa Majesté a pareillement moderé les
droits, comme dessus. Pour les assignations,

Seconde Partie. P.

fi aucunes font données pour réformer les déclarations, fera payé dans les Villes & gros bourgs, 7 fols 6 deniers, & à la campagne 8 fols, les droits de contrôle compris auffi comme deffus, les autres frais à proportion. Pour chaque Jugement de main-levée, fera payé aux Commiffaires 15 fols, au Procureur du Roi 5 fols, & au Greffier de la Commiffion dix fols. Et en cas de téméraires conteftations, ceux qui auront contefté, feront condamnez aux dépens, liquidez par un feul & même Jugement. Fait Sa Majefté défenfes aufdits Notaires, Greffiers, Huiffiers, & tous autres, d'exiger autres & plus grands droits, à peine de reftitution du quadruple, & de punition exemplaire. Et feront au furplus les Arrefts & Reglemens exécutez, & le préfent, nonobftant oppofitions ou empêchemens quelconques, dont fi aucuns interviennent, Sa Majefté s'eft réfervé la connoiffance & à fon Confeil, & icelle interdit à toutes fes autres Cours & Juges. Fait au Confeil d'État du Roi, Sa Majefté y étant, tenu à Befançon le dix-huitiéme jour de Juin 1683, Collationné, *Signé*, COLBERT,

Il avoit été fait plufieurs Reglemens pour la réception à la Chambre

des Comptes de Paris, des foi & hommage, aveux & dénombremens des vaſſaux de Sa Majeſté : mais comme les Officiers de ladite Chambre n'étoient pas d'accord ſur l'interprétation deſdits Reglemens, le Roi fixa cette Juriſprudence par Déclaration du 18 *Juillet* 1702. *regiſtrée à ladite Chambre le 19 Octobre audit an.*

PREMIEREMENT.

Que tous nos vaſſaux qui nous rendront la foi & hommage de leurs fiefs en notredite Chambre des Comptes, ſeront tenus d'y préſenter leurs Requeſtes, leſquelles ſeront décrétées par un de nos Conſeillers Maiſtres, d'*un ſoit montré* à notre Procureur Général, & feront mention des titres en vertu deſquels ils ſeront devenus poſſeſſeurs deſdits fiefs.

I I.

Sur le vû de cette Requeſte, notre Procureur Général donnera ſes concluſions, pour le tout être rapporté au Bureau par un Conſeiller-Maître.

I I I.

Le même Arreſt qui permettra au vaſſal de rendre ſa foi & hommage, ordonnera qu'acte lui en sera délivré, & l'attache en conséquence, en la maniere ordinaire.

I V.

Les originaux des hommages, aveux & dénombremens qui auront été reçus par les Tréforiers de France, feront envoyez par eux en notre Chambre des Comptes, ès mains de notre Procureur Général, trois mois après chacune année finie, & fous les peines portées par les Arrefts de notre Conseil des 19 Janvier 1668. & 5 Aouft 1679. que Nous voulons être exécutez felon leur forme & teneur, dérogeant à cet effet à toutes difpofitions à ce contraires, & notamment aux Arrefts de notre Conseil des 26 Juin 1688. & premier Octobre 1697. en ce qui s'y trouveroit contraire : Et mettront nos Confeillers-Auditeurs leurs reçus au bas des inventaires des titres qui auront été envoyez par les Tréforiers de France à notre Procureur Général, pour leur fervir de décharge valable.

V.

Seront lefdits actes de foi & hommage, aveux & dénombremens remis fur la requefte de notre Procureur Général, au dépôt des fiefs, à la garde de nos Confeillers-Auditeurs, en cas qu'ils foient trouvez en bonne & dûe forme.

VI.

Et où il se trouveroit quelque nullité ou défectuosité dans lesdits actes, ils seront renvoyez par notre Procureur Général ausdits Trésoriers de France, pour être par eux réformez dans le délai qui leur aura été prescrit par notre Chambre des Comptes.

VII.

Après que le Vassal aura rendu la foi & hommage en notredite Chambre des Comptes, il sera tenu d'y présenter son aveu & dénombrement, s'il est Laïque ; & la déclaration du temporel de son Bénéfice, s'il est Ecclésiastique, dans les termes portez par les Coutumes.

VIII.

L'aveu sera renvoyé pour être publié & vérifié ; sçavoir, pour les fiefs situés dans la Généralité de Paris, devant les Baillifs & Sénéchaux des lieux ; & pour ceux situez dans les autres Généralitez, devant les Trésoriers de France, & la déclaration sera renvoyée devant les Baillifs & Sénéchaux des lieux où seront situez les Bénéfices, conformément à notre Déclaration du 29 Décembre 1673. & aux Arrests de notre Conseil rendus en conséquence ; à l'effet de quoi, l'attache de notredite Chambre sera délivrée en la maniere ordinaire.

IX.

Après les actes de publications, & la Sentence ou Ordonnance de vérification, le vaſſal rapportera à notre Chambre des Comptes ſon aveu ou déclaration, & préſentera Requeſte pour la réception qui ſera décretée comme deſſus.

X

Les oppoſitions qui ſeront formées à la réception des aveux en notre Chambre des Comptes par notre Procureur Général, Receveur & Contrôleur de nos Domaines, ſeront jugées en notredite Chambre en la maniere ordinaire : Et où il ſeroit formé aucunes oppoſitions par les particuliers à la réception, ſoit des hommages ou des aveux qui ſe rendent en notredite Chambre, auſquelles Nous n'aurions aucun intérêt, elles ſeront renvoyées par notredite Chambre pardevant les Juges ordinaires, pour y être jugées.

XI.

Après le Jugement deſdites oppoſitions par les Juges à qui la connoiſſance en appartient, ſera l'aveu déclaré reçu par Arreſt rendu ſur la Requeſte du Vaſſal & ſur les concluſions de notre Procureur Général, & ſera ledit aveu renvoyé à nos Conſeillers-

Auditeurs, pour en être par eux délivré l'attache en la maniere accoutumée.

XII.

Dispensons nos vassaux de la communication de leurs Requêtes, tendantes à la réception de leurs hommages, aveux ou déclarations, aux Receveurs & Contrôleurs de notre Domaine, ainsi que Nous l'avions ordonné par notre Edit du mois de Décembre dernier, auquel Nous avons dérogé à cet égard seulement.

XIII.

Ne seront taxées ni prises aucunes épices sur les Conclusions & Arrests, qui seront rendus pour raison de foi & hommages, aveux & dénombremens.

XIV.

Les droits de chambellage dûs au premier Huissier, seront taxez au Bureau, & prononcez lors de la réception des hommages.

XV.

Pour toutes les expéditions qui se feront au Greffe, sur les Requestes de notre Procureur Général, ne sera payé aucune chose.

XVI.

Et pour l'expédition des Arrests qui seront obtenus & retirez par les vassaux, sera payé pour les droits du Greffe la somme de 36 sols pour chacun desdits Arrests, & pour

le contrôle & parifis à proportion, fans aucuns autres frais.

XVII.

Sera payé aux Procureurs pour chacune
Requefte la fomme de 30 fols.

XVIII.

Aux Huiffiers, fera payé pour les fignifi-
cations qui fe feront dans l'enclos de la
Chambre, 5 fols : Pour celles qui fe feront
aux domiciles des Procureurs ou des Parties,
dans la Ville & Fauxbourgs de Paris, 10 f.
non compris le contrôle. Si donnons en mandement à nos amez & féaux Confeillers, les
Gens tenans notre Chambre des Comptes à
Paris, que ces Préfentes ils ayent à faire lire, publier & regiftrer, & le contenu en
icelles faire garder & exécuter felon leur
forme & teneur ; Car tel eft notre plaifir :
En témoin de quoi, Nous avons fait mettre
notre Scel à cefdites Préfentes. Données à
Verfailles le dix-huitiéme jour de Juillet,
l'an de grace 1702. & de notre Regne le
foixantiéme. *Signé*, LOUIS. *Et plus bas*,
Par le Roi, PHELYPEAUX. Vû au Confeil, CHAMILLART.

REGLEMENS

Concernant les Déclarations des Ecclésiastiques.

LEs Ecclésiastiques & Communautés Régulieres avoient été assujetties par les Déclarations des *mois de Juillet* 1656. & *Novembre* 1657. à fournir les aveux & déclarations des biens dépendans des Domaines de Sa Majesté. Quelques-uns ayant voulu s'y souftraire, il fut rendu un Arrêt du Conseil Privé le 12 Juillet 1658. qui sans s'arrêter à un Arrêt de décharge obtenu par quelques Ecclésiastiques sur une Requête présentée au Conseil, ordonna l'exécution desdites Déclarations ; ce faisant, que le sieur Abbé de la Trape & autres Ecclésiastiques quelconques, tenans & possédans fiefs, terres & autres biens domaniaux, ou tenus ou mouvans du Roi en fief ou roture, amortis en quelque sorte & maniere que ce soit, dans l'étendue des Reſſorts des Parlemens & Chambres des Comptes où leſdites Déclarations auroient été vérifiées, seroient tenus d'en bailler & fournir leurs déclarations au Papier Terrier, dans les tems portés par les Ordonnances & Reglemens de la Chambre Souveraine, établie par Sa Majeſté pour la confection dud. Papier Terrier.

Le treize Février 1659. ladite Chambre, ſur la Requête préſentée par Me. Jacques Jannart, Subſtitut pour M. le Procureur Général du Roi en icelle, contenant qu'encore que par les Coutumes générales du Royaume, il n'y ait aucun vaſſal & cenſitaire qui puiſſe & doive refuſer à ſon Seigneur dominant la déclaration & reconnoiſſance des choſes poſſédées dans l'étendue de ſon fief, & que la conceſſion originaire des fonds en fief ou cenſive emportent toujours la né-

cessité d'en bailler & fournir des reconnoissances aux Seigneurs directs :
Néanmoins , quelques Communautés Religieuses & Ecclésiastiques du
Royaume faisoient difficulté d'obéir
aux commandemens à eux faits pour
fournir à la Chambre les aveux & déclarations à eux demandées , pour les
biens qu'ils tiennent du Roi & de son
Domaine en fief ou roture , sous prétexte des amortissemens généraux accordés de tems en tems au Clergé , &
de quelques Arrêts obtenus au Conseil sur Requêtes particulieres ; que
lesdits amortissemens généraux & les
Arrêts particuliers fondés sur iceux ,
n'avoient pas pû déroger à la loi publique & aux Déclarations du Roi
pour le fait du Terrier , publiées &
regiſtrées sans oppositions , qui com-
prenoient indéfiniment tous possesseurs de fiefs & biens domaniaux , ou
tenus & dépendans d'eux en fief ou
roture , tant Ecclésiastiques que Séculiers , & que lesdits Ecclésiastiques

peuvent d'autant moins s'exempter de fournir leurs déclarations au Roi, que c'est par sa seule grace que ces biens sont par eux tenus & possédés, & ainsi ne lui peuvent sans injustice dénier la reconnoissance, joint d'ailleurs que leur exemption seroit un moyen de couvrir les usurpations faites sur le Domaine & les droits du Roi, & rendre ledit Terrier imparfait : Ladite Chambre ordonna, par Arrêt du 13 Février 1659. que conformément aux susdites Déclarations, tous Ecclésiastiques, Communautés & Gens de main-morte, possédans Domaines ou choses domaniales, ou autres biens tenans & mouvans du Roi & de son Domaine en fief ou roture en quelque sorte & maniere que ce soit, soit qu'ils soient amortis ou non, seroient tenus d'en fournir incessamment leurs aveux & déclarations audit Papier Terrier, & comprendre dans lesdites déclarations toutes les circonstances & dépendances des Fiefs & Seigneu-

ries par eux décernés, & droits y annexés en cotte, & communiquer audit Subſtitut les titres auſquels leſdits
biens leur ont été donnés ou été acquis, avec les autres aveux & dénombremens, même les actes d'inféodation & les charges de l'acquiſition &
inféodation des biens, & qu'à ce faire
ils y feroient contraints, même par
faiſie de leur temporel, & autres voies
ordinaires & accoutumées.

Les Eccléſiaſtiques & Bénéficiers
du Royaume ſe plaignirent de ces différens Arrêts. Sur leurs repréſentations, Sa Majeſté fit un Reglement
le 12 *Décembre* 1673. & une Déclaration confirmative dudit Reglement
le 29 *Décembre* 1674. que nous rappor-
tons ici en entier.

ARREST DU CONSEIL,

d'Estat du Roi, Sa Majesté y étant, Servant de Reglement aux Ecclésiastiques & Bénéficiers du Royaume, pour rendre les aveux, dénombremens & déclarations de leurs fiefs, terres, possessions & héritages.

Du 12 Décembre 1673.

Extrait des Registres du Conseil d'Etat.

LE Roi ayant fait examiner en son Conseil, les plaintes qui lui ont été faites par les Ecclésiastiques & Bénéficiers de ce Royaume, d'être poursuivis en différens Tribunaux, pour raison des aveux, dénombremens & déclarations de leurs fiefs, terres, possessions & héritages qui leur sont demandez : D'un côté par les Procureurs de Sa Majesté en ses Chambres des Comptes, lesquels prétendent que lesdits Bénéficiers y doivent faire la foi & hommage, fournir & faire recevoir leurs aveux & dénombremens : D'autre, par les Officiers & Commissaires députez pour la confection du Papier Terrier de Sa Majesté, qui décernent journellement des Ordonnances, pour obliger lefdits Bénéficiers à paſſer pardevant eux leurſdits aveux, dénombremens & déclarations, & les y faire recevoir & vérifier, & pour cet effet repréſenter les titres juſtificatifs de leur poſſeſſion : Ce qui leur cauſe de grandes difficultez, étant certain que ſi l'on vouloit les obliger à repréſenter les titres de fondations & dotations de leurs Bénéfices, ils ſe trouveroient preſque tous réduits à l'impoſſible ; dont auſſi Sa Majeſté & les Rois ſes prédéceſſeurs leur ont fait la grace de les décharger, par pluſieurs Edits, Déclarations & Arreſts ; outre que cette diverſité de procédures les conſtitue en frais & dépens. Sa Majeſté voulant y pourvoir, & faire ceſſer les plaintes deſdits Bénéficiers, en leur donnant un Tribunal fixe & commode, dans lequel les déclarations, aveux ou dénombremens du temporel de leurs Bénéfices (qu'ils ne peuvent ſe diſpenſer de rendre, ſoit pour les biens qu'ils tiennent dans les mouvances de Sa Majeſté, ou ſous ſa protection) ſoient gardez, & où ils pourront avoir recours quand ils en auront beſoin ; ce qu'ils ont même intéreſt notable de faire, pour conſerver la connoiſſance de leurſdits biens & leur conſiſtance, & en empêcher l'uſurpation. Oüi le Rapport du ſieur Colbert, Confeiller au Conseil Royal, Contrôleur Général des Finances. SA MAJESTÉ ETANT EN SON CONSEIL, a ordonné & ordonne, que les Archevêques & Evêques, Abbez, Prieurs & autres Bénéficiers du Royaume, fourniront aux Chambres des Comptes, au reffort defquelles leurs Bénéfices font fituez, des déclarations fignées de leurs mains, & fcellées de leurs fceaux, de tout le temporel de leurs Bénéfices; lefquelles contiendront la confiftance en détail & par le menu, tenans & aboutiffans des Fiefs, Terres & Seigneuries mouvans & relevans de Sa Majefté, unis & incorporez à leurfdits Bénéfices, des maifons, fermes métairies, prez, bois, rentes, & autres héritages par eux poffedez en la Cenfive & Seigneurie directe de Sa Majefté, & de tous les autres biens qui leur appartiennent à caufe de leurfdits Bénéfices, tant en fiefs qu'en roture, en la mouvance & directe des Seigneurs particuliers. Lefquelles déclarations, qui ferviront d'aveux & dénombremens pour ce qui concerne les fiefs mouvans de Sa Majefté, feront envoyées pardevant les plus prochains Juges Royaux des lieux, pour y être lûes, publiées & vérifiées en la maniere accoutumée. Pour la juftification defquelles déclarations, en cas qu'elles

foient

foient conteftées par les Procureurs Généraux de Sa Majefté efdites Chambres des
Comptes, ou Procureurs du Roi efdits Siéges Royaux, lefdits Bénéficiers feront tenus
de rapporter, à l'égard des biens & droits
qui leur ont été amortis, d'autres titres
que ceux par lefquels ils feront connoître
que feurs prédéceffeurs, titulaires defdits
Bénéfices, étoient en poffeffion & jouiffance defdits biens & droits, lors de l'Edit de
Melun de l'an 1581. comme baux à ferme,
papiers terriers, cueilloirs, lièves, reconnoiffances, regiftres, & autres femblables.
Et à l'égard des biens non amortis, par eux
acquis, retirez, donnez ou échangez depuis 1641. ils repréfenteront les contrats
defdites acquifitions, retraits, donations ou
échanges, fans que lefdites déclarations
puiffent préjudicier à l'avenir aux amortiffe-
mens généraux & particuliers, accordez aufdits Bénéficiers tant par Sa Majefté que par
les Rois fes prédéceffeurs ; & fans préjudice
auffi de la foi & hommage que lefdits Bénéficiers doivent faire pour raifon des Fiefs,
Terres & Seigneuries dépendans de leurfdits
Bénéfices, mouvans & relevans immédiatement de Sadite Majefté. Et en cas que lefdits Bénéficiers ayent befoin de quelques
délais, pour dreffer & mettre en état leurf-

Seconde Partie. Q

dites déclarations, ils se pourvoiront ausdites Chambres des Comptes, pour leur être
pourvû, s'il y échet. Moyennant lesquelles
Déclarations, Veut & ordonne Sa Majesté,
que tous lesdits Archevêques, Evêques,
Abbez, Prieurs, & autres Ecclésiastiques
& Bénéficiers, soient & demeurent déchar-
gez de toutes instances & poursuites faites à
l'encontre d'eux, tant à la requête desdits
Procureurs Généraux de Sa Majesté esdites
Chambres des Comptes, pour raison des
aveux & dénombremens de leursdits Fiefs,
Terres & Seigneuries, qu'à la requête des
Procureurs de Sa Majesté, aux Bureaux des
Finances, Chambre du Trésor à Paris, Contrôleurs & Fermiers Généraux des Domaines, que par tous autres Commissaires &
Officiers députez pour le Papier Terrier de
Sa Majesté, ensemble de toutes saisies &
établissement de Commissaires, faits pour
raison de ce, dont Sa Majesté leur accorde
pleine & entiere main-levée, sans qu'ils
soient tenus d'en payer aucuns frais, faisant
très-expresses défenses ausdits Trésoriers de
France, Commissaires établis pour le Terrier, & autres Officiers, généralement, de
faire continuer à l'avenir aucunes poursuites
& contraintes à l'encontre d'eux pour ce regard; à la charge toutefois que lesdits Bé-

néficiers passeront & fourniront par chacun
d'eux , pardevant lesdits Commissaires du
Terrier , une Déclaration sommaire de leursdits biens & droits , mouvans & tenus en
fiefs & censive de Sa Majesté à cause de ses
Domaines , contenant seulement en gros
leur dénomination & situation , & dont ils
diront le détail être contenu aux susdites déclarations fournies ausdites Chambres des
Comptes. Pour la réception desquelles Déclarations sommaires, il ne sera pris par les
Greffiers de la Commission dudit Terrier ,
que 5 sols de chacune, leur faisant défenses
d'en exiger davantage , à peine de concussion. Et à l'égard de ceux desdits Bénéficiers qui ont déja passé leurs déclarations
pardevant lesdits Commissaires du Terrier ,
ils demeureront déchargez d'en faire de nouvelles ausdites Chambres des Comptes &
Commissaires du Terrier : Et seront lesdites
Lettres apportées ausdites Chambres des
Comptes , à la diligence des Controlleurs
Généraux des Domaines de Sa Majesté , pour
être insérées avec les autres. Seront aussi les
Bénéficiers & Communautez Ecclésiastiques , qui prétendent avoir des droits de Justice , Directe , Censive & Voirie sur aucunes maisons de la ville & fauxbourgs de Paris , tenus d'en donner les états , & satisfaire

Q ij

pour ce regard au Reglement du Papier Terrier de ladite Ville, Prevosté & Vicomté de
Paris, du 28 Décembre 1666. conformément & ainsi qu'il est porté par icelui. Et
pour l'exécution du présent Arrêt, toutes
Lettres nécessaires seront expédiées. Fait au
Conseil d'État du Roi, Sa Majesté y étant,
tenu à Saint Germain en Laye le douziéme
jour de Décembre mil six cens soixante-trei-
ze. *Signé*, COLBERT.

DECLARATION DU ROY,

*du 29 Décembre 1674. Pour les dé-
clarations que les Ecclésiastiques &
Gens de main-morte sont obligez de
fournir aux Chambres des Comptes de
tout le temporel de leurs Bénéfices.*

Registrée en la Chambre des Comptes le 9

Janvier 1675.

LOUIS, par la grace de Dieu, Roi de
France & de Navarre: A tous ceux qui
ces présentes Lettres verront, Salut. Voulant faire cesser les plaintes qui nous ont été

portées par les Ecclésiastiques & Bénéficiers de notre Royaume, des poursuites qui leur étoient faites en différens Tribunaux à la requête de nos Procureurs Généraux & de leurs Substituts, pour raison des aveux, dénombremens & déclarations des fiefs, terres, possessions & héritages dépendans de leurs Bénéfices, qu'ils sont obligez de nous donner, soit pour les biens qu'ils tiennent dans nos censives & mouvances, ou sous notre protection : Nous aurions par Arrêt de notre Conseil d'Etat du 12 Décembre 1673. reglé les lieux où lesdits Bénéficiers doivent fournir les déclarations du temporel de leurs Bénéfices, & la maniere dans laquelle elles doivent être faites. Et étant important que lesdites déclarations soient fournies par lesdits Bénéficiers, tant pour la conservation de nos droits & confection de notre Papier Terrier, que pour conserver la connoissance & consistance des biens desdits Bénéfices, & en empêcher l'usurpation. A CES CAUSES, suivant ledit Arrêt, dont copie collationnée est ci-attachée sous le contrescel de notre Chancellerie, Nous avons par ces Présentes signées de notre main, ordonné & ordonnons, que les Archevêques, Evêques, Abbez, Prieurs, & autres Bénéficiers du Royaume, fourniront en nos Chambres des

Comptes, au reſſort deſquelles leurs Bénéfices ſont ſituez, des déclarations ſignées de leurs mains, & ſcellées de leurs ſceaux, de tout le temporel de leurs Bénéfices, leſquelles contiendront la conſiſtance en détail & par le menu, tenans & aboutiſſans des Fiefs, Terres & Seigneuries mouvans & relevans de Nous, unis & incorporez à leurs Bénéfices, des maiſons, fermes, métairies, prez, bois, rentes, & autres héritages par eux poſſédez en notre Cenſive & Seigneurie directe, & de tous les autres biens qui leur appartiennent, à cauſe de leurs Bénéfices, tant en fief qu'en roture, en la mouvance & directe des Seigneurs particuliers, leſquelles déclarations ſerviront d'aveux & dénombremens pour ce qui concerne les fiefs mouvans de Nous. Et à cette fin ſeront envoyées pardevant les plus prochains Juges Royaux des lieux, pour y être lûes, publiées & vérifiées en la maniere accoutumée ; pour la juſtification deſquelles, en cas qu'elles ſoient conteſtées par nos Procureurs Généraux eſdites Chambres des Comptes, ou leurs Subſtituts dans nos Siéges Royaux, leſdits Bénéficiers ne ſeront tenus de rapporter, à l'égard des biens & droits qui ont été amortis, d'autres titres que ceux juſtificatifs que leurs prédéceſſeurs, titulaires deſdits Béné-

fices, étoient en possession & jouissance desdits biens & droits lors de l'Edit de Melun
de l'an 1581. comme baux à fermes, papiers
terriers, cueilloirs, lièves, reconnoissances,
registres & autres choses semblables. Et à
l'égard des biens non amortis, par eux acquis, retirez, donnez ou échangez depuis
l'année 1641. ils représenteront les contrats
desdites acquisitions, retraits, donations ou
échanges, sans que lesdites déclarations puissent préjudicier à l'avenir aux amortissemens
généraux & particuliers accordez ausdits Bénéficiers, tant par Nous que nos prédécesseurs, & sans préjudice de foi & hommage
que lesdits Bénéficiers Nous doivent faire,
pour raison des Terres, Fiefs & Seigneuries
dépendans de leurs Bénéfices mouvans &
relevans immédiatement de Nous. Et en cas
que lesdits Bénéficiers ayent besoin de quelques délais pour dresser & mettre en état lesdites déclarations, ils se pourvoiront en nosdites Chambres des Comptes, pour leur être
pourvû ainsi qu'il appartiendra; moyennant
lesquelles déclarations, Nous voulons que
tous lesdits Archevêques, Evêques, Abbez, Prieurs, & autres Ecclésiastiques
Bénéficiers soient & demeurent déchargez
de toutes instances & poursuites faites à l'encontre d'eux, tant à la requête de nos Pro-

cureurs Généraux defdites Chambres des
Comptes, pour raifon des aveux & dénombremens de leurs Fiefs, Terres & Seigneuries, qu'à la requête de leurs Subftituts ès
Bureaux des Finances & Chambre du Tréfor, Contrôleurs & Fermiers Généraux des
Domaines, tous autres Commiffaires & Officiers députez pour notre Papier Terrier,
enfemble de toutes faifies & établiffement de
Commiffaires, faits pour raifon de ce, dont
Nous leur accordons pleine & entiere main-
levée, fans qu'ils foient tenus d'en payer
aucuns frais; faifant très-expreffes défenfes
aux Tréforiers de France, Commiffaires établis pour le terrier, & autres Officiers généralement, de faire à l'avenir aucunes pourfuites & contraintes à l'encontre d'eux pour
ce regard, à la charge toutefois que lefdits
Bénéficiers pafferont & fourniront par chacun d'eux pardevant lefdits Commiffaires du
Terrier, une déclaration fommaire de leurfdits biens & droits mouvans & tenus en fief
de Nous à caufe de nos Domaines, contenant feulement en gros leur dénomination
& fituation, & dont ils diront le détail être
contenu aux fufdites declarations fournies
aufdites Chambres des Comptes; pour la réception defquelles déclarations fommaires,
il ne fera pris par les Greffiers de la Commiffion

dudit Terrier que cinq fols de chacune, leur faifant défenfes d'en exiger davantage, à peine de concuffion. Et à l'égard de ceux defdits Bénéficiers qui ont paffé leurs déclarations pardevant lefdits Commiffaires du Terrier auparavant ledit Arrêt de notre Confeil du 12 Décembre 1673. ils demeureront déchargez d'en fournir de nouvelles en nofdites Chambres des Comptes & Commiffion du Terrier. Lefquelles déclarations, fournies auparavant ledit Arrêt, feront apportées en nos Chambres des Comptes, à la diligence des Contrôleurs Généraux de nos Domaines, pour être enliaffées & mifes avec les autres. Seront auffi les Bénéficiers & Communautez Eccléfiaftiques qui prétendent avoir des droits de Juftice, Directe, Cenfive & Voirie fur aucunes maifons de notre ville & fauxbourgs de Paris, tenus d'en donner les états, & fatisfaire pour ce regard au Reglement du Papier Terrier de notre Ville, Prevôté & Vicomté du 28 Décembre 1666. conformément & ainfi qu'il eft porté par icelui. Si donnons en mandement à nos amez & féaux Confeillers les Gens tenans notre Chambre des Comptes à Paris, & tous autres nos Officiers & Jufticiers qu'il appartiendra, que ces Préfentes ils faffent lire, publier, regiftrer, & le

Seconde Partie. R

contenu en icelles faire exécuter de point
en point selon leur forme & teneur, cessant
& faisant cesser tous troubles & empêchemens à ce contraires : Car tel est notre plaisir. En témoin de quoi Nous avons fait mettre Scel à cesdites Présentes. DONNÉ à Saint
Germain en Laye le vingt-neuviéme jour de
Décembre, l'an de grace 1674. & de notre
Regne le trente-deuxiéme. *Signé*, LOUIS.
Et sur le repli, Par le Roi, COLBERT.
Et scellées du grand Seeau de cire jaune.

*Regiftrées en la Chambre des Comptes, ce
requerant le Procureur Général du Roi, pour
avoir lieu & être exécutées selon leur forme &
teneur, & à cet effet envoyées dans les Bailliages, Sénéchauffées & Élections du Ressort
de ladite Chambre, pour, à la requeste dudit
Procureur Général & diligence de ses Subftituts esdites Jurisdictions, être publiées esdits Siéges & aux Prônes des Paroisses, même affichées
aux principaux lieux & endroits d'icelles, dont
lesdits Subftituts certifieront la Chambre au
mois, pour par les Archevêques, Evêques, Abbez, Prieurs, Communautez & Eccléfiaftiques, Bénéficiers & autres Gens de main-morte,
présenter leurs déclarations de leur temporel à
ladite Chambre, trois mois après lesdites publications, & icelles vûes & rapportées, en être*

par la Chambre ordonné. *Les Bureaux assem-*
blez le neuviéme jour de Janvier 1675.
Signé, *RICHER.*

Depuis ce tems, le Clergé a obtenu différens délais pour fournir aux
Chambres des Comptes les aveux,
dénombremens & déclarations de leur
temporel. *Déclaration du 20 Novem-*
bre 1725. regiſtrée à la Chambre des
Comptes le 12 Mars 1726. & Arrêts
des 7 Décembre 1723. 31 Mars 1727.
& Lettres Patentes ſur icelui du 29 Juil-
let 1727. regiſtrées à la Chambre des
Comptes le 16 Octobre audit an , &
autres.

PARACHEVEMENT DES
Papiers Terriers.

LE Roi voulant que les Papiers Terriers de ses Domaines, qui étoient commencés tant en la Ville, Prévôté & Vicomté de Paris, que dans les Provinces & Généralités du Royaume, fussent incessamment continués & parachevés, ordonna aux Officiers de sa Chambre du Trésor à Paris, de continuer sans intermission la confection dudit Papier Terrier en ladite ville & fauxbourgs de Paris; & à cet effet, que les particuliers, propriétaires & détempteurs des maisons, terres & héritages qui seroient en demeure de fournir leurs déclarations, fussent tenus d'y satisfaire dans quinzaine, & les particuliers & Communautés qui prétendoient avoir droit de Censive & Seigneurie directe en aucuns endroits de ladite ville & fauxbourgs, d'en fournir les états & titres juſtificatifs ; à quoi faire ils ſeroient contraints par les voies & ainſi qu'il étoit porté par les Arrêts & Reglemens ſur ce intervenus, & au payement des peines y contenues. En outre, que le Fermier Général des Domaines & ſes Cautions ſeroient tenus de fournir ès mains du ſieur Colbert, dans quinzaine, chacun pour ce qui les concernoit, des états par le détail, d'eux ſignés & certifiés, & viſés par les Commiſſaires départis dans les Provinces & Généralités, contenant les diligences par eux faites pour la confection des Papiers Terriers deſdits Domaines compris en leurs baux, les noms, ſurnoms & qualités de ceux qui avoient fourni des aveux, déclarations & dénombremens ; de ceux qui n'y avoient pas encore ſatisfait, quels Juges & Officiers y avoient été employés, les noms, qualités & demeures des perſonnes chez leſquelles avoient

été mises & déposées les déclarations &
autres actes fournis ; ensemble les registres qui avoient été tenus, & les Ordonnances & Jugemens sur ce intervenus,
avec tous les autres papiers, mémoires & instructions concernant lesdits
Terriers, & l'état des droits qui avoient
été payés pour raison de ce ; & faute
de ce faire dans ledit tems, & icelui
passé, ils y seroient contraints à leurs
frais & dépens par les voies accoutumées pour les affaires de Sa Majesté.
Arrêt du Conseil du 21 *Novembre* 1676.

Autre Arrêt du Conseil, *du* 13 *Mai*
1684. qui ordonna que par le sieur de
Menars, Intendant de la Généralité
de Paris, & le sieur de Beauchamp,
à la requête du sieur Raviere, Procureur de Sa Majesté en la Chambre du
Trésor, il seroit incessamment procédé
à la confection & continuation des
Papiers Terriers des Domaines &
droits domaniaux appartenans à Sa
Majesté dans l'étendue de ladite Gé-

néralité, à la réserve de la ville, fauxbourgs & banlieue de Paris; leur donnant à cet effet tout pouvoir & toute
Jurisdiction nécessaires.

Enfin, pour parvenir à l'entiere confection desdits Papiers Terriers, Sa
Majesté apprenant qu'il y avoit plusieurs procès pendans au Conseil sur
des appellations interjettées par les
Parties, que les Fermiers, vû la lon-
gueur des procédures, avoient été
obligés d'abandonner en sortant de
leurs fermes, Elle ordonna que les
Particuliers qui avoient interjetté appel au Conseil, des Jugemens & Ordonnances rendues par les Commissaires députés pour connoître des
Domaines & confection des Terriers, pour raison de quoi les instances étoient pendantes & indécises au
Conseil, seroient tenus de les faire juger dans six mois pour toutes préfixions & délais; & faute par eux de ce
faire dans ledit tems, & icelui passé,
lesdits Jugemens & Ordonnances,

dont étoit appel, seroient exécutés par
provision ; & pareillement, que ceux
qui à l'avenir interjetteroient appel de
pareils Jugemens & Ordonnances desdits Commissaires, seroient tenus de
les relever & de les faire juger au
Conseil dans le même délai de six
mois, à compter du jour de la signification qui leur en seroit faite à personne
ou à domicile, sinon, qu'ils seroient
exécutés par provision. *Arrêt du Conseil du* 17 *Décembre* 1686.

REGLEMENS

Particuliers à certaines Généralités.

POur l'exécution de la Déclaration du 7 Novembre 1657. qui ordonnoit qu'il seroit procédé au Terrier général du Domaine du Roi, il fut rendu différens Reglemens pour certaines Généralités, soit pour quelques priviléges dont elles prétendoient jouir, soit pour parvenir à l'exécution pure & simple de ladite Déclaration. Nous allons rapporter ceux que nous avons pû recouvrer.

BORDEAUX.

Reglement du 18 Décembre 1670.

Le Roi ayant résolu qu'il seroit incessamment procédé à la confection du Papier Terrier & nouvelles reconnois-

fances de fes Domaines en la Généralité de Bordeaux, & defirant auffi pré-
venir les défordres qui s'étoient gliffés
en quelques endroits fur femblables
pourfuites, en exprimant ce que chacun feroit tenu de faire pour y parvenir,
a ordonné & ordonne que la confection dudit Papier Terrier & les pourfuites & diligences pour ce néceffai-
res, feront faites par le fieur Daguef-
feau, Commiffaire départi en ladite
Province, ou par les Juges, Magif-
trats & Officiers qui feront par lui
fubdélégués, à la requête des Procureurs de Sa Majefté, pourfuite & diligence de M_e. Claude Vialet, Fermier Général de fes Domaines; &
qu'en conféquence ils feront mettre
& appofer les affiches par tous les
lieux & endroits que befoin fera, pour
avertir tous les particuliers détempteurs & poffeffeurs de fiefs, feigneuries, maifons, héritages, terres, prés,
bois, ifles, iflots, péages, travers,
bacs, batteaux, paffages, minages,

étalonnages, coutumes, voiries, boucheries, places & autres biens &
droits généralement, de quelque nature qu'ils foient, tant en fief qu'en
roture, franc-aleu noble & roturier,
dépendans & relevans defdits Domaines, tant engagés que non engagés,
qu'ils en ayent à paffer dans le tems
qui leur fera prefcrit & limité, pardevant les Notaires qui feront à ce commis par ledit fieur Daguesfeau, leurs
déclarations & reconnoiffances né-
ceffaires pour la confection dudit nouveau Papier Terrier. Sçavoir :

ARTICLE PREMIER.

Tous Seigneurs généralement, de quelque qualité & condition qu'ils foient, poffédans Duchés, Comtés, Marquifats, Baronnies, Châtellenies, Terres, Seigneuries,
& autres biens & droits nobles, mouvans
& relevans à foi & hommage, & qui ont
fourni & fait recevoir leurs aveux & dénombremens aux Chambres des Comptes, comme ils font obligez, pafferont feulement par-

devant lefdits Notaires chacun une déclaration fommaire, contenant fimplement qu'ils font propriétaires & détempteurs defdits Fiefs, Terres, Seigneuries, avec laquelle ils bailleront copie duement collationnée des actes defdits foi & hommages, aveux & dénombremens, & repréfenteront les quittances des droits feigneuriaux qu'ils en auront payez. Et à l'egard de ceux qui n'auront encore fait lefdites foi & hommages, fourni & fait recevoir leurfdits aveux & dénombremens, & payé les droits & devoirs feigneuriaux & féodaux pour ce dûs, ils y feront contraints en la maniere accoutumée : cependant ils pafferont audit Terrier pardevant lefdits Notaires chacun une déclaration, contenant la confiftance de leurfdits Fiefs, Terres & Seigneuries, & des arriere-Fiefs qui en relevent, les droits de Juftice, Cenfive, voirie, & autres droits & priviléges annexez à leurfdites Terres, & déclareront les titres en vertu defquels ils les poffedent, foit par fucceffion, partage, donation ou acquifition, à quels devoirs & fervices ils font obligez ; & s'ils ont fait quelque aliénation & démembremens, ils en feront expreffe mention, à quelles perfonnes & à quel titre ; exprimeront les confins & limites de leurfdits Fiefs, Terres & Seigneuries, les terri-

toires voisins par nouveaux tenans & aboutissans.

I I.

Lesdits particuliers, propriétaires, possesseurs & détempteurs des maisons, places,
héritages & autres biens en roture, tenus en
censive & directe des Domaines du Roi,
tant de ceux qui sont en ses mains, que des
Domaines encore engagés, passeront aussi
chacun une déclaration contenant leurs noms
& domiciles, la consistance & qualité de
leurs héritages, leurs tenans & abouti-
sans, de quelles censives, charges & redevances ils sont chargez, & s'ils possedent
pareillement les héritages par succession, donation & acquisition, & quels sont leurs titres & contrats.

I I I.

Les Engagistes de terres & seigneuries,
maisons, boutiques, échopes, places, &
autres choses dépendantes desdits Domaines, parts & portions d'iceux, tant en fief
qu'en roture, seront pareillement tenus de
passer chacun leur déclaration, contenant
les noms & qualités des terres & seigneuries, maisons & héritages, parts & portions
desdits Domaines par eux possédez; exprimeront le prix de leurs engagemens, les
charges dont ils seront tenus, & les dates

des contrats d'engagement & quittance de
finance, dont ils bailleront des copies duement collationnées.

I V.

Les particuliers qui possedent des maisons, fermes, droits, & autres biens dépendans desdits Domaines par baux emphitéotiques, à tems ou à vie, passeront aussi leurs
déclarations, contenant la consistance &
qualité des choses par eux possédées, leurs
tenans & aboutissans ; cotteront les temps &
les conditions ausquelles lesdites choses ont
été concédées & délaissées, & combien ils
en doivent encore jouir.

V.

Tous donataires de châteaux, maisons,
héritages, places, isles, bacs, batteaux,
ponts, passages, péages, & autres droits &
biens domaniaux, généralement en l'étendue desdits Domaines, soit qu'ils les tiennent en vertu de Lettres Patentes vérifiées
ou non, à quelque condition que ce soit,
passeront semblablement leurs déclarations,
contenant pareillement les choses par eux
possédées, leurs situations, & la date de leurs
Lettres de don & Arrests de vérifications
d'icelles, dont ils bailleront pareillement
des copies duement collationnées.

VI.

Les Particuliers poſſédans terres, ſeigneuries, maiſons & héritages en franc-aleu noble ou roturier, paſſeront leurs déclarations par tenans & aboutiſſans en la maniere ſuſdite ; toutes leſquelles déclarations ainſi paſſées pardevant leſdits Notaires, tous les ſuſdits particuliers ſeront tenus, chacun à leur égard, d'en rapporter au Commis qui ſera pour ce établi deux expéditions en parchemin, ſignées deſdits Notaires en bonne forme, avec leſquelles déclarations ils repréſenteront leurs contrats d'acquiſitions, partages, donations, contrats d'engagement, quittances de finances, lettres de don, & autres titres juſtificatifs de leur poſſeſſion & jouiſſance, avec les quittances des payemens qu'ils auront faits des droits Seigneuriaux, dûs aux mutations ſuivant les Coutumes & uſages des lieux, même ceux qui prétendront tenir leſd. héritages en franc-aleu noble ou roturier, les titres juſtificatifs dud. franc-aleu ; de tous leſquels titres & enſeignemens ledit Commiſſaire tiendra tels extraits ou copies que bon lui ſemblera ; deſquelles déclarations il ſera dreſſé un modéle, qui ſera envoyé auſdits Notaires avec la grandeur & volume de parchemin, afin qu'elles ſoient partout uniformes, & que celles qui doivent

demeurer pour le Roi , puiſſent être promp-
tement reliées , pour en compoſer des regiſtres diſtingués chacun des natures ſuſdites.

VII.

Et ſi leſdites déclarations & reconnoiſſances ſe trouvent véritables , elles ſeront
admiſes & reçues pardevant ledit ſieur Dagueſſeau , ou ſes Subdélégués , dont il ſera
donné un acte ſommaire auſdits particuliers.

VIII.

⊢ Et en cas qu'il ſoit trouvé que leſdits particuliers n'ayent fait leurs déclarations véritables , tant en la qualité , conſiſtance des
héritages , que des droits & redevances dont
ils peuvent être chargés , pour raiſon de
quoi il ſoit formé conteſtation contr'eux
pour les faire réformer , & que par le Jugement qui interviendra ſur leſdites conteſta-
tions , leſdits particuliers ſoient condamnez
à réformer leurſdites déclarations , ils payeront les frais & dépens de ladite conteſtation , ſuivant la taxe qui en ſera faite par ledit ſieur Dagueſſeau ou ſes Subdéléguez ; &
feront les procédures qu'il faudra faire pour
raiſon de ce , ſommairement inſtruites.

IX.

Si leſdits particuliers poſſédans maiſons ,
places & héritages en roture , ne peuvent
juſtifier par leurs titres , contrats , ou autres

enſeignemens

enseignemens , les censives & redevances
dont les héritages sont chargez , il en sera
imposé d'office par led. sieur Daguesseau ou
ses Subdéléguez , à proportion & sur le pied
des terres & héritages voisins : S'il se trouve
des terres & autres héritages avoir été baillez
par des villes , villages & Communautez ,
les rentes & redevances seront égalées par
arpens , afin d'éviter la confusion , dont il
sera passé des déclarations & reconnoissances par les particuliers qui en sont possesseurs,
pour être inscrites audit Papier Terrier , le
tout sans préjudice aux droits de Sa Majesté
& desdits particuliers , en cas que ci-après
il soit justifié que lesdits héritages soient tenus de plus grandes ou moindres charges.

X.

Et à faute par tous lesdits particuliers ,
généralement de quelque qualité & condition qu'ils soient , de passer ou fournir dans
ledit temps leurs déclarations en ladite forme , & représenter leurs titres & contrats ,
pour être reçus en la maniere ci-devant exprimée , il sera procédé à leurs frais & dépens par saisie desdits héritages , loyers ,
fruits & revenus d'iceux , dont ils ne pourront avoir main-levée , qu'en fournissant &
faisant recevoir leursdites déclarations , &
payant les frais desdites saisies , suivant qu'ils

seront taxez par ledit sieur Daguesseau ou les Subdéléguez.

X I.

Et pour remédier aux entreprises & usurpations qui peuvent avoir été faites sur la Seigneurie directe de Sa Majesté, qui se trouve en aucuns lieux mêlée avec celles d'aucuns Seigneurs particuliers, régler précisément ce qui dépend desdits Seigneurs, & ôter à l'avenir tout prétexte d'usurper les uns sur les autres, lesdits Seigneurs particuliers, tant Ecclésiastiques, Communautez, que Séculiers sans exception, seront tenus, dans le temps qui leur sera limité, de fournir pardevant ledit sieur Daguesseau ou ses Subdéléguez, chacun pour leur égard, des états par eux certifiez, contenant par le menu les maisons, terres, places & héritages qu'ils prétendront dépendre de leur fief & Seigneurie directe, & avoir sur icelles droit de Justice, Censive & autres, lesquels droits ils seront tenus de justifier, & pour cet effet représenteront leurs anciens papiers terriers, ou autres piéces justificatives & suffisantes, sur lesquelles il leur sera donné Jugement tel qu'il appartiendra par raison, pour ensuite en être fait mention dans ledit Papier terrier de Sa Majesté, & les bornes & limites des territoires, tenans & aboutissans desdites Seigneuries & de leurs dépendances, établies & marquées en la maniere qu'il sera avisé, & à l'avenir incontestablement reconnues : & à faute par lesdits Seigneurs de fournir lesdits états, & justifier de leursdites Seigneuries & de leur étendue & consistance, toutes les maisons, places & héritages qu'ils en auront jusqu'à présent fait dépendre, censées & réputées de la Censive, Seigneurie & Directe de Sa Majesté, & les propriétaires & détempteurs tenus, comme tels, d'en passer leurs déclarations & reconnoissances à son profit, & lui payer à l'avenir lesdites censives & droits seigneuriaux, tant annuellement qu'aux mutations, suivant les Coutumes des lieux, & seront ceux qui auront reçu lesdits droits par le passé, depuis quarante années, contraints comme usurpateurs à la restitution, par les voies accoutumées pour les affaires de Sa Majesté.

XII.

En procédant à la confection dudit Papier Terrier, il sera semblablement travaillé à la recherche des droits de cens, rentes, lods & ventes, quint, requint, & autres droits & devoirs seigneuriaux & féodaux dûs à Sa Majesté, dont la liquidation sera faite par ledit sieur Daguesseau ou ses Subdéléguez, &

au payement d'iceux lesdits débiteurs contraints par les susdites voies.

XIII.

Et pour faciliter ladite confection, &
donner lumiere & connoissance de la vérité
ou fausseté des déclarations qui seront, comme dit est, fournies par tous les susdits particuliers, les Gardes des Archives de Sa
Majesté, même les Greffiers & autres personnes qui ont ci-devant travaillé à la réformation du Domaine de Sadite Majesté,
sous divers Commissaires pour ce députez,
mettront ès mains des Greffiers dudit sieur
Daguesseau, ou de ses Subdéléguez, tous
les Terriers, Enseignemens, Regîtres, Contrats, Sentences, Jugemens, Reconnoissances, & autres actes concernans lesdits Domaines, dont il leur sera donné des certifi-
cats qui leur serviront de déclarations de décharge ; & à ce faire ils seront contraints en
vertu des Ordonnances dudit sieur Daguesseau par les susdites voies.

XIV.

Et ce qui sera ordonné par ledit sieur Daguesseau & ses Subdéléguez, pour raison de
tout ce que dessus, sera exécuté nonobstant
oppositions ou appellations quelconques, &
sans préjudice d'icelles. FAIT au Conseil
d'Etat du Roi, tenu pour ses Finances à Pa-

ris le dix-huitiéme jour de Décembre 1670.
Collationné. *Signé*, BECHAMEIL.

DE L'ORDONNANCE DE MONSIEUR

Daguesseau, Chevalier, Conseiller du Roi en ses Conseils, Maître des Requêtes ordinaire de son Hôtel, Président au Grand-Conseil, & ci-devant Intendant en la présente Généralité, a été extrait ce qui ensuit.

SUR la Requête à Nous présentée par le Procureur du Roi en notre Commission, contenant, &c. Nous, pour parvenir à la confection dudit Papier Terrier, ordonnons que tous Particuliers & Ecclésiastiques, détempteurs & possesseurs des fiefs, seigneuries, maisons, héritages, terres, prez, bois, isles, islots, péages, travers, bacs, batteaux, passages, pêcheries, palus, rivieres, étangs, usages, pavages, pâcages, minages, étallonages, coutumes, voiries, boucheries, places, rives, & autres biens & droits, généralement de quelque nature qu'ils soient, tant en fief qu'en roture, franc-aleu noble ou roturier, dépendans & relevans desdits Domaines, tant engagés que non engagés, dans l'étendue de la présente Généralité, ayent à en passer dans le délai y exprimé, à

compter du jour de la publication de la présente Ordonnance, pardevant les Notaires
à ce par Nous commis & députez, leurs déclarations & reconnoissances nécessaires pour
la confection dudit nouveau Papier Terrier.

*De l'Arrêt du Conseil du premier Août 1682.
a été extrait ce qui suit.*

VEU au Conseil du Roi, l'Arrêt rendu
en icelui du 18 Décembre 1670. portant Reglement pour la confection du Papier
Terrier, &c. LE ROY EN SON CON-
SEIL, faisant droit sur lesdites Requêtes
respectives, sans s'arrêter à l'opposition desdits Maire & Jurats de Bordeaux, ni à leurs
Requêtes des 22 Juin 1679. & 23 Juillet
1682. a ordonné & ordonne, que l'Arrêt
du Conseil du 18 Décembre 1670. ensemble les Ordonnances dudit sieur Daguesseau
des 15 Avril & 29 Mai 1671. seront exécutées selon leur forme & teneur ; & sur
toutes les autres contestations des Parties,
Sa Majesté les a renvoyé pardevant le sieur
de Ris, Commissaire départi en la Généralité de Bordeaux, dépens compensez. FAIT
au Conseil d'Etat du Roi, tenu à Versailles
le premier jour d'Août 1682. Collationné.
Signé, RANCHIN. *Et Commission sur icelui dudit jour.*

LOUIS BAZIN, CHEVALIER,
Seigneur de Bezons, Conseiller d'Etat, &
Intendant de Justice, Police & Finances en
la Généralité de Bordeaux.

VEU la Requeste à Nous présentée par
M^e. Jacques Saibois, Fermier du Domaine de Guyenne : Contenant que par le
Bail à lui fait desdits Domaines le 27 Août
1687. il est chargé de continuer le Papier
Terrier du Roi dans la présente Généralité ;
& comme il est important, pour accélerer
ce travail, d'ordonner que les Jugemens ci-
devant rendus sur la poursuite des Fermiers
précédens, en exécution du Reglement du
Conseil du 18 Décembre 1670. & de l'Arrêt contradictoire du premier Août 1682.
qui le confirme, soient communs audit Saibois, & qu'à cet effet il soit incessamment
procédé à la continuation dudit Terrier, &
les possesseurs des fiefs, terres, seigneuries,
maisons & héritages, prez, bois, isles, islots,
péages, travers, bacs, batteaux, passages,
pêcheries, palus, rivieres, étangs, usages,
pavages, pâcages, minages, étallonnages,
coutumes, voiries, boucheries, places, rives, & autres biens & droits, généralement
de quelque nature qu'ils soient, tant en fief

qu'en roture, franc-aleu noble ou roturier, & autres choses dépendantes & relevant des Domaines tant engagez que non engagez, dans l'étendue de la présente Généralité, tenus d'en passer, si fait n'a été, leurs déclarations dans le délai qui sera par Nous donné, à compter du jour de la publication de notre Ordonnance, pardevant les Notaires à ce commis, en la maniere prescrite par le susdit Reglement, & de remettre les piéces justificatives de leur possession & jouissance ; & à défaut d'y satisfaire dans ledit délai, & icelui passé, que lesdits refusans seront contraints au payement de cent sols d'amende, & par saisie & séquestration des fruits, revenus & loyers des biens & héritages non déclarés ; ladite Requête signée BOYER. Vû aussi le Bail dudit Saibois, le susdit Reglement du Conseil d'Estat du 18 Décembre 1670. l'Arrêt contradictoire du Conseil, confirmatif d'icelui du premier Août 1682. ensemble les Ordonnances de M. Daguesseau, ci-devant Commissaire départi en cette Généralité, y énoncées, & notre Ordonnance du 4 Mars 1687. rendue sur la Requête de M. Cleophas de Jarcy, Fermier précédent. Tout considéré.

Nous Commissaire susdit, faisant droit sur ladite Requête, ordonnons, conformément à notre Ordonnance précédente du 4 Mars dernier, que le fufdit Reglement de 1670. & l'Arrêt confirmatif d'icelui du premier Août 1682. feront exécutez felon leur forme & teneur ; ce faifant, que dans quinzaine, à compter du jour de la publication de la préfente Ordonnance, il fera inceffamment procédé, à la pourfuite & diligence dudit Saibois, à la continuation du Papier Terrier du Roi dans l'étendue de notre département, à ces fins que chaque poffeffeur des fiefs, terres, feigneuries, maifons, héritages, prez, bois, ifles, iflots, péages, travers, bacs, batteaux, paffages, pêcheries, palus, rivieres, étangs, ufages, pavages, pâcages, minages, étallonages, coutumes, voiries, boucheries, places, rives, & autres biens & droits, généralement de quelque nature qu'ils foient, tant en fief qu'en roture, francaleu noble ou roturier, dans l'étendue des fiefs de Sa Majefté, tant engagez que non engagez, pafferont (fi fait n'a été) leurs déclarations audit Papier Terrier pardevant les Notaires à ce commis, à peine de cent fols d'amende, faifie & féqueftration des fruits, revenus & loyers defd. biens & héritages non déclarés, & remettront les pieces juftificatives de leur poffeffion & jouiffance, conformément au fufdit Arrêt & Reglement du Confeil

Seconde Partie.   T

des années 1670. & 1682. Et à l'égard des frais, ordonnons que le Reglement du Conseil, donné à Befançon le 18 Juin 1683. & notre Ordonnance rendue en conféquence, feront pareillement exécutez felon leur forme & teneur ; & fera la préfente Ordonnance lûe, publiée & affichée par tous les lieux où befoin fera, à ce qu'aucun n'en prétende caufe d'ignorance, & exécutée nonobftant oppofitions ou appellations quelconques, & fans préjudice d'icelles, par le premier Huiffier ou Sergent Royal fur ce requis, auquel donnons pouvoir de ce faire. FAIT à Bordeaux, le feiziéme Janvier 1688. *Signé*, BAZIN DE BEZONS. *Et plus bas, par mondit Seigneur*, DEJEAN.

• B R E T A G N E.

Le fieur Bechameil de Nointel fut commis pour l'exécution des ordres de Sa Majefté en la Chambre des Comptes de Nantes, & pour la recherche & confection du Papier Terrier de la Province de Bretagne, & la réformation des Domaines & droits domaniaux. Les titres & les tarifs des

droits de Traites, Ports & Havres,
ou entrée & fortie de ladite Province,
avoient été négligés & comme aban-
donnés. Louis Moreau, à la diligence
duquel les pourfuites dudit Papier.
Terrier fe faifoient, préfenta Requête
au Confeil, fur laquelle il fut rendu
Arrêt le 3 Août 1680. qui porte qu'à
la pourfuite & diligence dudit Moreau, & à la requête de Pierre du
Moulinet, Procureur de Sa Majefté
en la Commiffion, & en préfence du
Procureur-Syndic des Etats de ladite
Province, ou lui duement appellé, il
feroit par ledit fieur Bechameil fait recherche & perquifition des Pancartes
étant en la Chambre des Comptes de
Bretagne, concernant lefdits droits de
Ports & Havres, entrée & fortie de ladite Province, même des Regiftres &
Livres de recettes tenus par les Fermiers & Receveurs defdits droits, &
autres titres du Domaine du Roi, juf-
tificatifs defdits droits, qui feroient re-
préfentez audit fieur Bechameil par

T ij

les Gardes-Livres, ou autres Officiers de ladite Chambre qui les avoient en leur possession, à la premiere requisition ou demande qui leur en seroit faire, à peine de demeurer responsables en leurs noms des droits du Roi, pour, de ladite représentation & du contenu esdites Pancartes, Registres, & autres titres, ensemble des droits & déclarations, requisitions, défenses & protestations des Parties, être par lui dressé Procès-verbal, lequel, avec son avis, il enverroit au Sr Colbert, pour, à son rapport au Conseil, être pourvû par Sa Majesté ce qu'il appartiendroit.

En conséquence de cet Arrêt, le sieur de Nointel procéda pendant plusieurs jours à un Procès-verbal, par lequel le sieur de Coëtlogon, Procureur-Syndic des Etats de Bretagne, protesta que sa présence ne pouvoit nuire ni préjudicier aux droits des véritables Parties, qui étoient les Communautés des Villes de la Province, in-

téreffées aufdits droits de Ports & Havres, entrées & forties, lefquelles il
étoit néceffaire d'appeller pour être
oüies. Sur cette proteftation, Sa Majefté voulant que l'affaire fût inftruite
avec toutes les Parties intéreffées pour
y pourvoir enfuite ainfi qu'il appartiendroit, ordonna par fon Arrêt du
22 Mars 1681. que dans deux mois
pour toutes préfixions & délais, à
compter du jour de la fignification du
préfent Arrêt, les Habitans des Villes de Nantes, Guerrande, Vannes,
Rhuys, Auray, Hennebon, Redon,
Mafillac, Quimper-Corentin, Pont-
l'Abbé, Treu & Lentreguer, Pon-
trieu, Pempol & Benic, Breft, Lan-
derneau, le Fou, Doulas, Abergrach,
S. Brieuc, Legué, Daouet, S. Malo,
Quintin, Rennes, Dinan, Fougeres,
Vitré, Dol & Ploërmel, en la perfonne de leur Syndic, ou de tel autre
qu'ils voudroient députer, euffent à
prendre, au gré dudit fieur de Nointel, communication du Procès-verbal

fait pardevant lui, en exécution dudit Arrêt du 3 Août dernier; duquel Arrêt copie leur seroit donnée, pour fournir par eux leurs défenses aux demandes portées par ledit Procès-verbal, & représenter telles piéces qu'ils jugeroient à propos, pour en être dressé Procès-verbal par ledit sieur Bechameil, & icelui envoyé avec son avis au sieur Colbert, Contrôleur Général, & y être ensuite, à son rapport, pourvû par Sa Majesté ainsi qu'il appartiendroit; autrement & à faute de ce faire dans ledit tems, & icelui passé, ils en demeureroient forclos, & seroit passé outre à l'exécution dudit Arrêt du 3 Août dernier.

L'Edit du mois d'Août 1681. fixa la jurisprudence des foi & hommages à rendre à la Chambre des Comptes de ladite Province de Bretagne pour le Papier Terrier, ainsi qu'il s'ensuit.

ARTICLE PREMIER.

Enjoignons à no assaux possédans Fiefs,

Terres ou Seigneuries, mouvans & relevans
de Nous à caufe de notre Duché de Bretagne, ou autres Seigneuries à Nous apparte-
nantes dansl'étendue d'icelui, qui font en demeure, ou qui fous divers prétextes refufent
de Nous rendre foi & hommage, d'y fatif-
faire inceffamment, conformément à l'article
343. de la Coutume de Bretagne.

II

Les actes de foi & hommage faits à notre
Perfonne, ou à notre amé & féal Chancelier, ou rendus à notre Chambre, feront fignez du Rapporteur & du Préfident, tranfcrits dans un Regiftre relié, & mis dans la
Table du Regiftre.

III.

Enjoignons à nos Procureurs ès Jurifdictions des Barres Royales, d'envoyer, de fix
mois en fix mois, à notre Procureur Général
en notre Chambre, l'état ou mémoire des
mutations furvenues aux fiefs mouvans de
Nous dans leur reffort, par mort, vente,
donation ou autrement, à peine, en cas d'o-
miffion, de radiation de leurs gages & d'in-
terdiction de leurs Charges.

IV.

Voulons que, faute par nos vaffaux de
Nous rendre foi & hommage dans le temps
de la Coutume, les fruits & revenus des

fiefs mouvans de Nous, soient saisis à la requête de notre Procureur Général, & à
iceux établis de bons & solvables Commissaires & Abienneurs.

V.

Notre Procureur Général tiendra bon &
fidéle Registre des saisies faites à sa requête,
& en remettra les exploits, quinzaine après
la date d'iceux, au Fermier de notre Domaine, pour faire la recette à notre profit,
des fruits saisis, comme fruits de mal-foi à
Nous appartenans, jusqu'au jour que la foi
Nous sera rendue.

VI.

Déclarons nuls & de nul effet tous dons
que Nous pourrions avoir fait depuis l'année
1675. ou que Nous ferions ci-après des fruits
de mal-foi. Voulons que sans y avoir égard,
ils soient perçus par le Fermier de nos Domaines, nonobstant même toutes les remises
& compositions que Nous en pourrions avoir
fait ci-devant, ou faire ci-après.

VII.

Défendons à notre Chambre d'accorder
aucun délai ou souffrance à nos vassaux de
Nous rendre les foi & hommage, sinon en
rapportant sur ce nos Lettres signées d'un
Secretaire d'Etat & de nos Commandemens,
& scellées de notre grand Sceau, qui ne

pourront être accordées qu'au cas porté par la Coutume.

VIII.

Le délai porté par l'art. 360. de la Coutume, pour rendre l'aveu & dénombrement, ne pourra, sous aucun prétexte, être prorogé par notre Chambre au-delà du tems porté par la Coutume, sans avoir sur ce nos Lettres signées & scellées comme en l'article précédent.

IX.

Les aveux qui Nous seront rendus, seront écrits sur parchemin d'une écriture nette, lisible, sans rature ni interligne ; & où il s'en présenteroit d'autres, ou que l'écriture en eût été altérée, défendons à notre Chambre de les recevoir.

X.

Dans les aveux qui Nous seront rendus, seront employez par le détail tous les fiefs, arriere-fiefs, droits, prérogatives, jurisdictions, terres, héritages & domaines ; & s'il s'y trouve de la différence avec les anciens aveux, les piéces justificatives en seront produites & communiquées à notre Procureur Général, pour y être pourvû par notre Chambre.

XI.

Défendons d'employer dans les aveux qui

Nous feront rendus, la claufe, fauf à ajouter ou diminuer s'il y échet , nonobſtant tous uſages contraires.

XII.

Aucun aveu ne pourra être reçu en notre Chambre, qu'il n'ait été vérifié fur les anciens, & renvoyé aux Juriſdictions ou Barres Royales dans l'étendue deſquelles les fiefs mouvans de Nous feront fituez , pour y être , à la requête de nos Procureurs aux Plaids généraux d'icelles , ou pendant trois Audiences ordinaires, lûs & publiez à la diligence & aux frais des Parties.

XIII.

Les aveux ne pourront être publiez aux Barres Royales, qu'ils n'ayent été communiquez au Fermier de notre Domaine des lieux où le fief eſt fitué , pour fournir de blâme s'il y échet ; à l'effet de quoi la Partie fera tenue d'élire domicile , tant à la ville de Nantes que dans le lieu de la Juriſdiction , & de le faire fignifier au Fermier : à faute de quoi , les exploits & réponfes de notre Fermier feront affichées aux principales portes de la Séance de notre Chambre des Comptes à Nantes & des Barres Royales, qui feront valables comme s'ils étoient faits à perſonne ou domicile.

XIV.

Les blâmes ou réponses du Fermier de nos Domaines seront signifiées, tant à nos Procureurs ès Barres Royales, qu'à notre Procureur Général en notre Chambre.

XV.

S'il n'est formé aucune opposition à la publication de l'aveu par nos Procureurs, par le Fermier de nos Domaines, ou autres particuliers, il sera remis à la Partie, ensemble les conclusions de nos Procureurs & l'avis des Officiers, pour être présentez à notre Chambre ; & après avoir été communiquez à notre Procureur Général, être procédé à la réception s'il y échet.

XVI.

Nos Procureurs ès Barres Royales seront tenus de faire regiftrer au Greffe de leur Jurifdiction, les conclusions qu'ils auront prises pour le blâme ou la réception des aveux, avec l'avis des Officiers, dont l'acte sera retiré par la Partie, pour demeurer joint à l'aveu, & mis conjointement dans le dépôt de la Chambre.

XVII.

Les blâmes ou les consentemens de nos Procureurs sur les lieux, Fermiers de notre Domaine, seront transcrits au dos ou au bas de l'aveu, si faire se peut, sinon écrits séparément, & fignez par le Greffier de notre Chambre, & attachez aux aveux avec les piéces juftificatives, fi aucunes y a, & le tout remis à notre Chambre, au plus tard fix mois après l'Arrêt de renvoi, à peine de faifie des fruits, aufquels fera établi Commiffaires aux frais de la Partie.

XVIII.

En cas que nos Juges des Barres Royales ordonnent la réception des aveux, nonobftant les blâmes ou oppofitions de nos Procureurs, ou Fermiers de notre Domaine : Voulons que nos Procureurs, fous peine de répondre du dépériffement de nos droits, en interjettent appel, & en donnent avis à notre Procureur Général en notre Cour du Parlement de Bretagne, afin qu'il prenne leur fait & caufe, & faffe lever, inftruire & juger l'appel jufqu'à Arrêt définitif.

XIX.

Défendons à notre Chambre de recevoir aucun aveu blâmé ès Barres Royales, par nos Procureurs ou Fermiers de notre Domaine, que le blâme n'ait été jugé définitivement en notre Cour de Parlement.

XX.

Permettons à notre Procureur Général en notre Cour de Parlement, s'il le trouve à propos, pour la confervation de nos droits,

d'interjetter appel des Jugemens rendus ès
Barres Royales, portant réception d'aveux,
du confentement de nos Procureurs ou Fermiers de notre Domaine.

XXI.

Le difpofitif des Arrêts rendus fur la réception des aveux, fera fur le champ tranf-
crit fur la Requête de la Partie, & figné
par le Rapporteur & le Préfident, puis délivré inceffamment au Greffier, pour en
dreffer la minute, la faire figner au Rapporteur & au Préfident, la remettre enfuite par
ordre & date dans un Regiftre relié, qui
fera clos & arrêté à la fin de chacune féance,
& l'inventaire des Arrêts mis au commencement du Regiftre, qui contiendra la page
dans laquelle les Arrêts feront tranfcrits.

XXII.

Les Arrêts qui feront rendus pour la réception, modification, ou rejet des aveux,
feront tranfcrits ou au dos ou au bas d'iceux,
fi faire fe peut, finon tranfcrits féparément
& attachez à la feconde copie de l'aveu,
qui fera mife au dépôt de la Chambre, & du
tout délivré copie à la Partie.

XXIII.

L'Aveu qui aura été reçu par la Chambre,
fera figné du Rapporteur & du Préfident,
chacune feuille par lui cottée & paraphée,

& leur nombre marqué à la marge de la premiere.

XXIV.

L'aveu signé & paraphé sera remis au Garde des Livres, qui s'en chargera au grand
Bureau sur le Regiſtre des aveux, & sera
cotté par article séparé, qui fera mention de
l'aveu & de la date de l'Arrêt de sa réception.

XXV.

La preuve des droits prétendus par nos
vaſſaux, ou par ceux qui relevent d'eux dans
la Province de Bretagne, pour fondation
d'Egliſe, prééminence, juriſdiction, & autres droits ſeigneuriaux & féodaux, de quelque nature qu'ils ſoient, ſe fera par titres,
documens & actes écrits. Défendons à notre Chambre d'en admettre aucune par témoins, que Nous déclarons nulle & contraire à nos Ordonnances des années 1566.
1667.

XXVI.

Les Officiers de notre Chambre ne pourront prendre ni recevoir plus grands droits
ou épices, que ceux qu'ils avoient accoutumé de recevoir avant l'année 1613. pour les
foi & hommages, aveux & dénombremens,
rendus à notre Chambre, nonobſtant l'a-
bonnement & compoſition par eux faite avec

les Etats de la Province , à la somme de
4000 liv. par chacun an , que Nous avons
caſſé & annullé.

CHAALONS.

Le Papier Terrier de cette Généralité avoit été commencé par le ſieur
de Caumartin , Intendant , conjointement avec les Sieurs Langault , Tréſorier de France de ladite Généralité ,
& Seraucourt , Lieutenant au Bailliage de Vermandois à Reims , pourſuite
& diligence de Me. Vialet , Fermier
Général du Domaine. Mais M. de
Caumartin ayant quitté ladite Inten-
dance , le Bail de Vialet étant fini ,
& le Roi voulant faire continuer &
achever ledit Papier Terrier , il fut
ordonné par Arrêt du Conſeil du 29
Mars 1677. au ſieur de Miromeſnil ,
qui avoit ſuccédé au ſieur de Caumartin , conjointement avec leſdirs
Sieurs Langault & de Seraucourt , à
la Requête de Me. Gorlier de Ver-

neuil, commis pour Procureur de Sa
Majesté, poursuite & diligence des
Sous-Fermiers des Domaines de ladite Généralité, de faire inceſſamment travailler à la continuation dudit Papier Terrier des Domaines de
Sa Majesté en l'étendue de la Généralité de Chaalons, ſuivant les der-
niers erremens, conformément aux
Reglemens ſur ce intervenus; & à
cette fin, que tous ceux ès mains deſquels les dénombremens & déclarations ci-devant fournies, avoient été
dépoſées, ſeroient tenus à les repréſenter pardevant leſdits Sieurs Commiſſaires, & pouvoir audit ſieur de
Miromeſnil de ſubdéléguer tels Officiers & perſonnes de probité aux lieux
& endroits qu'il jugeroit à propos, &
commettre des Greffiers pour ſervir
ſous leſdits Commiſſaires & Subdélégués, & des Notaires pour paſſer leſdites déclarations, ſur la nomination
des Sous-Fermiers deſdits Domaines;
les frais & ſalaires perçus ſuivant les
Reglemens

Reglemens deja faits à ce sujet ; les déclarations, aveux & dénombremens communiqués ausdits Sous-Fermiers, pour y fournir leurs réponses dans trois jours, & les contestations jugées sommairement par lesdits Commissaires, & exécutées par provision, sauf l'appel au Conseil.

FLANDRES, ARTOIS,
ET HAINAULT.

En 1700. après la réunion de la Flandre à la Couronne, le Roi desirant de connoître l'étendue de son Domaine dans cette Province, adressa au sieur Intendant la Déclaration suivante.

DECLARATION DU ROY,
*du 20 Juillet 1700. Pour la confec-
tion du Papier Terrier de Flandres,
Artois & Hainault.*

LOUIS, par la grace de Dieu, Roi
de France & de Navarre, à notre amé
& féal Conseiller en notre Conseil d'Etat,
le sieur Dugué de Bagnols, Intendant en
Flandres, au département de Lille, & à
notre amé Conseiller, premier Président au
Bureau des Finances de Lille, le sieur Liessart, SALUT. Les Provinces de Flandres
& Artois ayant toujours fait partie du Domaine le plus ancien de notre Couronne, &
étant revenues en notre possession après plusieurs siécles, pendant lesquels elles en
ont été désunies, Nous n'avons rien plus
à cœur que d'y faire une recherche exacte
de tous les Domaines qui Nous y appartiennent, aussi-bien que de ceux de la Province
de Hainault, qui Nous ont été cédés par
différens Traités de Paix ; ce que Nous n'a-
vons encore pu exécuter jusqu'à présent, à
cause des troubles continuels dont nos sujets desdites Provinces ont toujours été agi-

tés : & Nous avons estimé que le premier fruit de la Paix qu'il a plû à Dieu Nous donner, & nos premiers soins devoient être de faire procéder au renouvèllement des Papiers Terriers desdits Domaines, ceux qui Nous restent étant si anciens qu'il est impossible d'en faire aucun usage, ni d'en faire tirer aucunes lumieres : Pour cet effet, Nous nous sommes fait informer des usages observés dans ces Provinces, lors de la confection des anciens Terriers, afin de Nous y conformer : Et attendu que tous les titres & enseignemens qui concernent nos Domaines sont dans nos Archives de Lille, où Nous avons depuis quelques années établi un Bureau des Finances, auquel Nous avons attribué la connoissance entiere du fait desdits Domaines, Nous avons crû ne pouvoir mieux faire, pour accélerer un ouvrage si important, que de le confier aux soins de vousdit sieur de Bagnols, dont l'expérience & la capacité Nous sont connues par de longs services, conjointement avec ceux des Officiers dudit Bureau que Nous avons crû les plus capables de vous seconder dans ce travail. A CES CAUSES, Nous vous avons commis & commettons par ces Présentes signées de notre main, pour, conjointement ou séparément, ainsi qu'il sera

V ij

par vousdit sieur de Bagnols jugé à propos,
être incessamment procédé à la requête du
sieur Godefroy, notre Procureur audit Bureau, poursuite & diligence de Me. Charles
Renou, Fermier de nos Domaines desdites
Provinces, chargé par son bail de la confection desdits Terriers des Domaines, à la
recherche & réformation de nos Domaines
& confection desdits Papiers Terriers; ensemble au jugement de toutes les contestations qui naîtront, soit pour combats de
fiefs, ou autrement, à l'occasion desdits Papiers Terriers, circonstances & dépendances. Et afin d'accélerer d'autant plus ce travail, Nous avons commis & commettons
quatre Officiers dudit Bureau, pour travailler, conjointement avec vous, dans les dé-
partemens que Nous leur avons destinés, sçavoir, le sieur Boullant, second Président audit Bureau pour la Province de Hainault;
le sieur Fourmestreaux, Trésorier de France audit Bureau, pour tout ce qui concernera la Ville & Châtellenie de Lille, pays
de Laleu, Tournay & Tournesis, Cambray
& Cambresis; le sieur Fontaine, pour la
partie de Flandres du côté de la mer, du
département de Dunkerque & la Verge de
Menin; & le sieur de Brecwel, pour la
Province d'Artois: Lesquels Commissaires

rapporteront & jugeront, chacun dans leur département, conjointement avec vousdit sieur de Bagnols & de Liessart, toutes les contestations qui naîtront à l'occasion dudit Terrier. Ordonnons que dans tel tems qu'il sera par vous ordonné, tous les possesseurs de fiefs mouvans de Nous, ou de terres & héritages étant en notre directe & censive, seront tenus d'en fournir des aveux & déclarations exactes par tenans & aboutissans, en langue françoise, avec copie des titres justificatifs de leur propriété, & ce sous signature privée, suivant l'ancien usage desdites Provinces, & pardevant Notaires pour ceux qui ne sçauront point écrire, même les possesseurs de franc-aleu nobles ou roturiers, des dénombremens exacts de tout ce qu'ils possedent en franc-aleu, ainsi qu'il a toujours été pratiqué; lesquelles déclarations, aveux & dénombremens ils remettront dans le tems, & ainsi qu'il sera prescrit par l'Ordonnance, qui sera à cet effet rendue par lesdits Commissaires ès mains du Receveur ou Commis à la recette de nos Domaines dans chaque chef-lieu de Châtellenie ou Prévôté, lesquels seront tenus de les envoyer incessamment audit sieur Godefroy, pour être par lui confrontez & vérifiez sur les anciens qui se trouveront en nosdites Ar-

chives, & blâmez s'il y écheoit, & en ce
cas renvoyez fur les lieux aufdits Receveurs
ou Commis, avec les extraits des titres fur
lefquels les blâmes feront fondez, pour en
donner communication aux poffeffeurs, &
y être par eux fourni tels contredits qu'ils
aviferont, & le tout renvoyé & inftruit devant vous ; être par vous définitivement ordonné ce qu'il appartiendra, fauf l'appel en
notre Confeil, & ce à l'égard des aveux qui
feront rendus pour les fiefs, ou franc-aleux
nobles, après que les publications en auront
été préalablement faites fuivant la coutume
des lieux ; & faute par nos vaffaux, cenfitaires & tenanciers, de quelque qualité qu'ils
foient, de fournir leurs aveux, dénombremens & déclarations dans ledit délai, Voulons qu'ils y foient contraints par les voies
prefcrites par les Ordonnances, ufages &
coutumes dudit pays. Seront tous les poffeffeurs defdits Domaines & droits, de quelque nature qu'ils foient, ci-devant aliénez
foit à titre d'engagemens, baux emphitéotiques, conceffions faites à tems, à vie ou autrement, enfemble tous poffeffeurs de biens
chargez de rentes & redevances envers
Nous, tenus d'en fournir leurs déclarations,
& de repréfenter pardevant voufdits Sieurs
Commiffaires, les titres en vertu defquels ils

les poſſedent, pour en être par eux fait mention, & copies des titres inſérées audit Papier Terrier. Voulons que les Jugemens qui
ſeront rendus par vous, ſoient, en cas d'appel, exécutez par proviſion. Permettons à
vouſdit ſieur de Bagnols, de commettre
pour Greffier de ladite Commiſſion, telle
perſonne capable que vous jugerez à propos,
& de lui régler tels ſalaires qu'il conviendra;
& jouira ledit Renou, conformément à ſon
Bail, & pendant le tems qui en reſte à ex-
pirer, de tous les Domaines, droits qui ſeront réunis, & de moitié pendant les quatre
années qui ſuivront l'expiration dud. bail, enſemble de tous les droits ſeigneuriaux, arrérages de rentes, & autres droits recelez, né-
gligez, ou uſurpez, dont il ſera le recouvrement, même des redevances, ſoit en deniers ou en eſpèces, qui ſeront impoſées en
conſéquence de l'Arrêt de notre Conſeil du
4 Mai dernier, ſur les moulins conſtruits
ſans permiſſion, ainſi qu'elles ſeront réglées
par vouſdits Sieurs Commiſſaires : le tout
ſans que ledit Renou ſoit tenu d'en rendre
aucun compte en notre Conſeil, ni ailleurs,
dont Nous l'avons expreſſément déchargé,
à la charge par lui de fournir à tous les frais
néceſſaires pour parvenir à la confection dudit Terrier, ainſi qu'ils ſeront par Nous ré-

glés : Car tel est notre plaisir. DONNÉ à Versailles le vingt-huitiéme jour de Juillet, l'an de grace mil sept cent, & de notre Régne le cinquante-huitiéme.

MONTAUBAN.

La négligence, & même la malice de quelques Officiers du Domaine de la Généralité de Montauban, particulierement celles des Gardes des Archives de Rhodez, Villefranche & autres, ayant été cause du divertissement de la meilleure partie des titres & enseignemens des Domaines de Sa Majesté ; lesquels titres se trouvoient être entre les mains de plusieurs particuliers & en danger d'être perdus, & ce qui en restoit dans lesdites Archives en si grande confusion, qu'il étoit presque impossible d'y trouver ceux dont on avoit besoin journellement pour la conservation des Domaines & droits de Sa Majesté, & pour la recherche de ceux qui avoient été usurpés ou recelés : Le Roi ordonna qu'à

la

la requête de Me. Vialet, poursuite &
diligence de ses Procureurs & Commis, il seroit fait une exacte recherche des Papiers Terriers, Regiftres,
Titres & Enfeignemens du Domaine
du Roi, & informé contre ceux qui
les retenoient malicieufement, & leur
procès fait & parfait extraordinaire-
ment, jufqu'à Sentence définitive par le
fieur de Seve, Commiffaire départi en
lad. Généralité, & jugé avec le nombre
de gradués porté par l'Ordonnance, &
qu'il feroit fait par led. fieur de Seve un
inventaire des titres recouverts, pour
être par lui remis aux Archives de Sa
Majefté, ou s'il étoit néceffaire, & fur
fon avis, à celles de la Chambre du
Domaine de Montauban. *Arrêt du
Confeil, du 27 Juin 1671.*

Par autre Arrêt du 29 Mars 1677.
le fieur Foucault, Commiffaire départi en ladite Généralité, fut commis, conjointement avec les Sieurs
de Campmas & de Moliere, Tréforiers de France au Bureau des Finan-

ces de Montauban, pour suivre les
procédures & autres actes commencés par les Sieurs Pelot & de Seve,
ci-devant Intendans de ladite Généralité, pour la confection du Papier
Terrier, & ce conformément aux Reglemens rendus sur cette partie.

PROVENCE.

Jean-Baptiste le Blanc, Fermier
des Domaines & Droits y joints en
Provence, ayant été chargé par son
Bail de faire le Papier Terrier de ladite Province, & ayant obtenu le 26
Août 1727. des Lettres Patentes qui
nommoient le sieur Cardin le Bret,
Intendant de Justice, Police & Finance de ladite Généralité, seul Juge
& Commissaire en cette partie, présenta Requête audit sieur le Bret, sur
laquelle il rendit l'Ordonnance ci-
après.

ORDONNANCE DE

Monseigneur le Premier Préſident & Intendant, Commiſſaire député pour la confection d'un nouveau Papier Terrier. Du 26 Janvier 1729.

CARDIN LE BRET, CHEVALIER, Comte de Selles , Seigneur de Pantin & autres lieux , Conſeiller du Roi en tous ſes Conſeils , Maître des Requêtes Honoraire de ſon Hôtel, premier Préſident du Parlement d'Aix , Intendant de Juſtice , Police , Finances & du Commerce en Provence , Commandant pour Sa Majeſté en ladite Province , & Commiſſaire député par le Roi pour la réunion des Domaines , & la confection d'un nouveau Papier Terrier pour Sa Majeſté en Provence , par Lettres Patentes du 26 Août 1727.

SUR la Requête à Nous préſentée par Jean-Baptiſte le Blanc, Fermier des Domaines & droits y joints en Provence, pourſuite & diligence du ſieu

Demontenault, Directeur desdits Domaines ; contenant qu'étant chargé par
son Bail de renouveller le Papier Terrier des Domaines du Roi en cette Province, & de faire la réunion de tous
ceux desdits Domaines qui ont été usur-
pez, recelez, commuez, échangez,
possédez sur de faux titres, nuls ou vi-
cieux, ou échus par les baux emphitéotiques, ou inféodations à tems, à vie, à
extinction de famille ou autrement, il se
seroit pourvû au Conseil pour faire établir une Commission expresse à cet effet,
attendu l'importance du sujet & la célé-
rité si nécessaire en pareil cas ; sur quoi
il auroit obtenu, le 26 Août 1727, des
Lettres Patentes en forme d'Edit, par
lesquelles il auroit plû à Sa Majesté de
nous commettre & établir seul Juge &
Commissaire en cette partie, pour connoître, à l'exclusion de tous autres, des
contestations qui naîtront, tant sur la
confection dudit nouveau Papier Terrier, que sur la réunion desdits Domaines, circonstances & dépendances : Et
desirant ledit le Blanc d'aller en avant
sur la confection dudit nouveau Papier
Terrier, ce qu'il n'a pû faire jusqu'à présent à cause de différens empêchemens,

il Nous auroit supplié de vouloir bien, conformément à ses conclusions, lui accorder notre Ordonnance générale en forme de Reglement, pour la faire signifier, publier & afficher partout où il appartiendra. Vû lesdites Lettres Patentes du mois d'Août 1727. à Nous adressées, & les conclusions au bas de la Requête dudit le Blanc, de M^e. Jean-Baptiste de Piton, Seigneur de Tournefort, Avocat Général en la Cour des Comptes, Aydes & Finances d'Aix, & Procureur Général du Roi en la Commission. Ouï le Rapport de M^r. Antoine Laugier, Chevalier de l'Ordre de S. Michel, notre Subdélégué Général : Tout consideré.

Nous, Premier Président, Intendant & Commissaire susdit, Ordonnons que lesdites Lettres Patentes du 26 Août 1727. seront enregistrées au Greffe de la Commission, & exécutées selon leur forme & teneur ; à l'effet de quoi, & sur le requisitoire du Procureur Général du Roi :

ARTICLE PREMIER.

Les Seigneurs

Enjoignons à tous les possesseurs des Fiefs, Terres, Seigneuries, Comtez, Vicomtez, Marquisats, Baronnies, Jurisdictions, & autres droits & biens nobles mouvans & relevans immédiatement du Roi, tant Ecclésiastiques, Séculiers, gens de main-morte, qu'autres de quelque qualité & condition qu'ils soient, de fournir dans trois mois, après la publication de la présente Ordonnance, au Greffe de notre Commission, une déclaration sommaire, contenant la consistance exacte & distincte desdits Fiefs, Comtez, Vicomtez, Marquisats, Baronnies, Terres, Seigneuries, Justices, & autres droits & biens nobles, les devoirs & services ausquels ils sont obligez, les aliénations ou démembremens, & les noms des personnes en faveur desquelles lesdites aliénations ou démembremens en ont été faits, l'expression des titres & des sommes données pour le prix desdites aliénations, & de représenter dans le même délai au Fermier ou à ses Commis, les titres en vertu desquels ils possedent, soit par succession, donation, vente, échange, & en quelqu'autre maniere que ce puisse être ; ensemble les quittances des droits seigneuriaux & féodaux qu'ils en auront payez ; & en cas qu'ils n'ayent point acquitté lesdits droits, ils seront tenus de le faire dans le même délai.

Ceux desdits Seigneurs & possesseurs qui auront prêté foi, hommage, & donné aveux & dénombremens desdites choses mouvantes & relevantes du Roi, joindront à leur déclaration une copie collationnée desdits aveux & dénombremens, & ceux qui n'ont point encore rendu lesdits foi & hommages, aveux & dénombremens, comme ils y sont obligez, y satisferont dans trois mois pour tout délai en la Chambre des Comptes, où ils seront tenus de faire recevoir lesdits aveux & dénombremens, pour en remettre ensuite des copies collationnées au Greffe de notre Commission ; le tout à peine de saisies féodales de leurs fonds, rentes & revenus, & de 500 liv. d'amende.

II.

Enjoignons pareillement aux Consuls & Communautez de toutes les Villes, Bourgs & lieux de cette Province, Mar-

Les Communautez.

seille , Arles & terres adjacentes , de fournir auffi leurs déclarations en bonne forme fur les faits contenus en l'état qui fera par Nous arrêté & joint au préfent Reglement , & ce dans trois mois pour tout délai , à compter du jour de la publication de la préfente Ordonnance , à peine de 500 livres d'amende , qui ne pourra être remife ni moderée , & au payement de laquelle feront les Confuls en exercice , lors de ladite publication , contraints en leurs propres & privez noms , & fans qu'ils puiffent la répéter fur lefdites Communautez.

III.

Fiefs & roture.

Tous propriétaires, poffeffeurs & détempteurs des maifons, héritages, terres , prez , bois , ifles , iflots , péages , travers , bacs , batteaux , paffages , pêcheries , paluds , rivieres , étangs , ufages , minages , mefurages , hallages , étalonnages , coutumes , voiries , boucheries , places , rives , & autres biens généralement, tant en fief qu'en roture , franc-aleu noble ou roturier , de quelque nature qu'ils foient , dépendans du Domaine , ou qui en ont dépendu , feront femblablement obligez , trois mois après la publication des préfentes , &

sous les peines portées en l'article premier du présent Reglement, de fournir chacun une déclaration ou reconnoissance contenant leurs noms, la qualité & la contenance des choses par eux possédées, leurs confronts, tenans & aboutissans, de quels devoirs, censives ou rentes ils sont chargés; & ils représenteront dans le même délai les titres en vertu desquels ils possedent, ensemble les quittances des droits féodaux & seigneuriaux qui ont dû être payez aux mutations; & ne pouvant justifier de l'acquittement desdits droits, ils seront tenus de les payer au Fermier ou à ses Commis; faute de quoi ils y seront contraints, ainsi qu'il est accoutumé pour les deniers & affaires du Roi.

I V.

Les Engagistes des terres, héritages, droits, maisons, boutiques, échopes, places, & autres biens dépendans desdits Domaines, ou de partie d'iceux, tant en fief qu'en roture, seront pareillement tenus, dans le même délai de trois mois, de passer chacun leur déclaration ou reconnoissance, contenant leurs noms & qualitez, la situation & consistance des choses qu'ils possedent,

le prix de leurs engagemens, les charges dont ils font tenus, les réparations
ou dégradations qu'ils y ont faites, &
le revenu, & de repréſenter les contrats
d'engagemens & les quittances de Finances.

V.

Inféodations ou Baux em-phitéotiques.

Les Particuliers ou Communautez
qui poſſedent des fiefs, ſeigneuries,
maiſons, fermes, droits, & autres biens
dépendans deſdits Domaines par baux
emphitéotiques à tems, à vie, à extinction
de famille, ou autres clauſes, paſſeront
auſſi dans le même délai, leurs déclarations ou reconnoiſſances, contenant
la conſiſtance, qualité & ſituation des
choſes par eux poſſédées, leurs tenans
& aboutiſſans, les tems & les conditions auſquelles elles leur auront été délaiſſées, comment & combien ils doivent
encore en jouir; & à cet effet, ils joindront auſdites déclarations leurs titres
primordiaux.

V I.

Donataires.

Tous donataires de fiefs, châteaux,
ſeigneuries, maiſons, places, iſles, bacs,
batteaux, ponts, paſſages, péages, &
autres droits & biens domaniaux généralement & ſans exception, ſoit qu'ils

les tiennent en vertu de Lettres Patentes vérifiées ou non, & à quelque titre
que ce puisse être, fourniront dans le
même délai de trois mois leurs déclarations, contenant les choses par eux possédées, leurs situations & confronts, &
rapporteront en même tems leurs Lettres de dons, inséodations, concession,
ou autres titres, ensemble les Arrêts
d'enregistremens & vérification qui en
auront été faits.

VII.

* Les Particuliers & Communautez
possédans fiefs, terres, seigneuries, maisons, & autres biens tant en fief qu'en
roture, qui prétendent les tenir en franc-
aleu noble ou roturier, passeront pareillement, dans le même délai de trois
mois, leurs déclarations & reconnoissances, contenant la qualité, quantité &
situation des choses par eux possédées,
& en rapporteront leurs titres pour justifier dudit franc-aleu.

Franc-aleu noble ou roturier.

VIII.

Tous prétendus possesseurs de directes
particulieres dans les villes, terroirs &
lieux où Sa Majesté a des directes &

Directes particulieres.

* Les Art. VII. & VIII. ont été réformez par l'Ordonnance du 8 Janvier 1730.

mouvances roturieres relevantes de son
Domaine, seront tenus, dans le même
délai de trois mois, de remettre au Greffe de notre Commiſſion leurs déclarations ou reconnoiſſances, contenant un
exact dénombrement de leurs prétendues directes, & de rapporter en même
tems les titres en vertu deſquels ils en
jouiſſent.

I X.

Les déclarations ou reconnoiſſances doivent être paſſées pardevant Notaires

Pour la sûreté de Sa Majeſté, & l'entiere confection dudit Papier Terrier,
toutes leſdites déclarations seront reçues
& paſſées pardevant les Notaires Royaux
que Nous commettrons à cet effet dans
chaque Ville & Bourg fermé, & dans
les autres lieux par les Notaires qui s'y
trouveront, & s'il n'y en a point, pardevant ceux qui seront les plus proches
deſdits lieux, nous réservant de pourvoir par un Reglement particulier aux
frais & salaires qui seront payez auſdits
Notaires par ceux qui seront leſdites déclarations.

X.

Remiſſion au Greffe de deux extraits des reconnoiſſances.

Chaque Seigneur donataire, enga-
giſte, emphitéote, communauté, & autre poſſeſſeur, à quelque titre que ce
ſoit, & de quelques biens, droits & re-

venus que ce puisse être, sera tenu de remettre au Greffe de notre Commission, deux grosses ou extraits en bonne forme de la déclaration ou reconnoissance qu'il aura passée en conséquence du présent Reglement.

XI.

Ces deux grosses ou extraits, ensemble les titres de possessions & jouissances, & les quittances des payemens qui auront été faits des droits de lods & autres qui sont dûs aux mutations, seront communiquez au Procureur Général de la Commission & au Fermier, pour examiner, blâmer ou accorder la déclaration, & ensuite être par Nous reçue ou réformée, ainsi qu'il appartiendra.

Communication au P. G. du Roi & au Fermier.

XII.

Il sera permis au Fermier de retenir telles copies ou extraits que bon lui semblera des titres qui seront ainsi rapportez; lesquelles copies ou extraits il fera faire à ses dépens, & sans que pour raison de ce il puisse rien prétendre ni exiger desdits particuliers, communautez & possesseurs, à peine de concussion.

Permis au Fermier de prendre tels extraits qu'il trouvera bon.

XIII.

En cas qu'aucunes desdites déclarations ne soient point trouvées véritables,

Fausses déclarations.

tant en la qualité, confiſtance & ſituation des biens, qu'en l'expreſſion des
droits & redevances dont ils ſont chargez, ceux qui auront fait leſdites fauſſes
déclarations, ſeront condamnez à une
amende du dixiéme de la valeur des héritages, à réformer leurs déclarations,
& en tous les dépens des procédures qui
ſeront faites contr'eux.

XIV.

Mention
ſommaire ſur
les extraits.

Il ſera fait mention ſommaire par le
Greffier de la Commiſſion, ſur chacun
extrait ou groſſe des déclarations qui
auront été fournies, des Jugemens qui
les auront admiſes ou réformées; après
quoi, ledit Greffier en remettra une expédition au poſſeſſeur pour ſa décharge,
en lui payant les droits qui ſeront réglez
à cet effet, & l'autre au Fermier, pour
compoſer ledit Papier Terrier.

XV.

Cenſives.

Si les particuliers poſſédans terres,
maiſons & héritages en roture ne peuvent juſtifier par titres, contrats, ou autres enſeignemens, les cenſives dont
leurs héritages ſont chargez, il en ſera
par Nous impoſé d'office, eû égard à la
conſiſtance & valeur deſdits biens, &
aux cenſives que pareils biens payent

dans le même lieu ou ailleurs, sans préjudice des droits du Roi & desdits particuliers, en cas que les titres des anciens cens soient découverts dans les suites.

XVI.

Après que toutes les déclarations & reconnoissances d'une même ville & territoire auront été passées, les Notaires qui les auront reçues, seront tenus d'en remettre les minutes & originaux au Greffe de la Commission, sur un inventaire double qui sera signé par eux & par le Greffier, dont l'un demeurera au Notaire pour sa décharge, & l'autre sera joint ausdites minutes.

Minutes des déclarations remises au Greffe.

XVII.

Sur chacune desdites minutes il sera fait par le Greffier mention sommaire, comme sur les grosses des Jugemens qui les auront admises ou réformées ; & toutes ces minutes, ensemble les inventaires, seront reliez en un ou plusieurs volumes, & ensuite remis, avec un double du Papier Terrier qui sera dressé par le Fermier, aux Archives de Sa Majesté en la Chambre des Comptes, pour y avoir recours lorsque besoin sera.

Mention des Jugemens sur chaque minute.

XVIII.

Et attendu qu'il eſt important au ſervice du Roi, qu'en travaillant à la confection dudit Papier Terrier, il ſoit en
même tems procédé à la recherche des
uſurpations des Domaines & Droits de
Sa Majeſté, circonſtances & dépendances : Nous ordonnons qu'à la requête du
Procureur Général du Roi en la Commiſſion, pourſuite & diligence du Fermier & de ſes Commis, il ſera fait une
exacte recherche de toutes les uſurpations qui ſe trouveront avoir été faites
ſur les Domaines, de quelque nature
qu'elles puiſſent être, en l'étendue de
cette Province, ſoit des fonds d'héritages, fiefs, juſtices, ſeigneuries ou droits
de cenſives, directes, lods, & autres
de quelque nature qu'ils ſoient, à l'effet
de pourvoir à la réunion aux Domaines
de Sa Majeſté, des choſes uſurpées, & à
la reſtitution des fruits qui en auront été
injuſtement perçus depuis trente années
avant la premiere demande.

XIX.

Enjoignons, ſous peine de trois cens
livres d'amende, à tous Greffiers, Notaires & autres perſonnes publiques, à
leurs veuves, enfans, héritiers, & au-

tres

tres qui auront en leur pouvoir des reconnoiſſances, quittances, de lods, baux
& autres actes concernans les Domaines
de Sa Majeſté, de les communiquer au
Fermier & à ſes Commis, à la premiere
requiſition qui leur en ſera faite, & de remettre ou envoyer au Greffe de la Commiſſion, un état ou inventaire en bonne
forme deſdits actes, quinzaine après la
ſignification qui leur ſera faite du préſent article.

X X.

Ordonnons qu'à la requête du Procureur Général du Roi, pourſuite & diligence du Fermier & de ſes Commis,
la préſente Ordonnance ſera publiée, &
affichée partout où beſoin ſera, à ce que
perſonne n'en ignore. Fait à Aix le 26
Janvier 1729. *Signé*, LE BRET.

---

*FAITS SUR LESQUELS LES
Conſuls de chaque Ville & lieux fe-
ront leurs déclarations au nom de la
Communauté.*

I.

SI le lieu eſt Principauté, Duché,
Comté, Vicomté, Marquiſat, Baronnie, ou ſimple Fief & Seigneurie,

Seconde Partie.   Y

ou s'il dépend de quelqu'autre Seigneurie.

II.

Quelle eſt l'étendue du fief, & ſi le
Roi y eſt ſeul Seigneur direct, juſticier
& foncier, ou ſi quelqu'autre poſſede le
fief en partage avec Sa Majeſté.

III.

Si la Juſtice & Directe de Sa Majeſté
eſt ſéparée d'avec ce qui eſt en la Juſtice & Directe des Seigneurs particuliers,
& quels ſont les tems, les bornes ou limites deſdites Juriſdictions & Directes.

IV.

S'il y a château, maiſon, ou autre Domaine appartenant au Roi, ou qui lui
ayent appartenu.

V.

Si la Communauté a la Juriſdiction,
les Conſuls déclareront à qui en appartient le Greffe & le Sceau.

VI.

Si dans l'étendue de leur territoire il
y a des forêts, bois de haute-futaye ou
taillis, ils en marqueront la contenance
& la nature, qualité du fonds, ſa ſituation, à qui ces forêts & bois appartiennent, & ſi les bois ont été défrichez,
quand, & par qui.

VII.

S'il y a des pâturages, chauffages, glandages, ou autres droits communs ; s'il y a des terres gâtées, vaines ou vagues, des étangs ou marais en état ou desséchés ; à qui le tout appartient, & si les fonds défrichez & les marais dessechez ont été mis en culture, depuis quel tems, & par qui.

VIII.

Si la Communauté possede des biens en fonds, & de quelle nature ils sont, ou si elle n'a que des droits d'usages, pâturages, glandages & chauffages, elle déclarera qui en sont les Seigneurs fonciers, & si elle leur paye quelques cens, rentes & autres droits.

IX.

S'il passe quelque riviere dans le lieu ou son terroir, si elle est navigable ou flottable, à qui en appartient la pêche ; si on en tire de l'eau pour l'arrosage des terres, quel droit est payé pour cela, & à qui ; s'il y a des isles, islots & accroissemens le long de ladite riviere, qui sont ceux qui en jouissent, & quel revenu annuel ils peuvent produire.

X.

Si sur ladite riviere il y a des ponts,

& fi l'on y exige des droits de pontena-
ge, port, paffage, barque, batteaux;
à qui les droits appartiennent, & quel
revenu ils produifent par an.

X I.

S'il y a des fours & moulins bannaux
à bled ou à huile, forges, fourneaux,
martinets, foulons, paroirs, papeterie,
verrerie, à qui ils appartiennent, & leur
revenu annuel.

X I I.

S'il y a des péages, droits de poids,
mefures, halles, étaux, échopes, boucheries, leur revenu annuel, & à qui ils
appartiennent.

X I I I.

S'il y a des droits d'entrée & fortie
fur les marchandifes & denrées apparte-
nantes à la Communauté ou à des particuliers, & le revenu defdits droits.

X I V.

Si l'on leve dans le terroir des droits
de champart, tafques, ou autres droits,
la quotité de ces droits, & à qui ils appartiennent.

X V.

Quels font les anciens droits d'alber-
ges, cavalcades & autres, que la Communauté payoit anciennement au Roi,

& qui font préfentement partie de l'a-
bonnement avec la Province ; fçavoir ,
s'ils étoient perfonnels , ou feulement
pécuniaires.

XVI.

Si dans le lieu il y a des Gentilshommes ou Roturiers poffédans fiefs mouvans du Roi, s'il y a des arriere-fiefs ,
quels ils font , leurs poffeffeurs, & leur
fituation.

XVII.

S'il y a d'autres biens nobles ou roturiers
poffédez par des Abbayes, Chapitres,
Eccléfiaftiques , & autres gens de main-
morte, avec leurs noms & leur fituation. Et en cas que le lieu foit voifin de
la mer, on ajoutera les articles ci-après.

XVIII.

Si la Communauté ou quelques particuliers ont droit de poffeder des madragues , de conftruire des bourdigues, ou
quelqu'autres pêcheries , & en quels
lieux, leur nombre & leur fituation.

XIX.

S'il y a des falins, des étangs falés, fi
la pêche eft libre , ou fi pour y pêcher
il eft payé quelque droit, à qui ce droit
appartient, & fa quotité.

X X.

Si les Seigneurs des fiefs voisins de la mer , Ecclésiastiques , Laïques , Communautez ou autres , perçoivent quelque droit sur les pêcheurs & pêcheries , sur les marchandises & denrées qui se débarquent dans l'étendue desdits fiefs , ports & plages de la mer , & sur les effets échouez ou sauvez des naufrages.

Fait & arrêté l'an & jour que dessus.

Par les Articles IX. & XIV. de cette Ordonnance , il étoit dit qu'il seroit nommé des Notaires en chaque ville & lieu pour recevoir les déclarations , & que l'on pourvoiroit en même tems aux frais & salaires tant desdits Notaires , qu'à ceux dûs aux Geffiers ; le sieur le Bret rendit à cette fin l'Ordonnance suivante.

ORDONNANCE DE
Monseigneur le Premier Président & Intendant, du 27 Juillet 1729. concernant la confection d'un nouveau Papier Terrier.

SUR la Requête à Nous présentée par Jean-Baptiste le Blanc, Fermier des Domaines & droits y joints en Provence, poursuite & diligence du sieur de Montenault, contenant que par les art. IX. & XIV. de notre Ordonnance du 26 Janvier dernier, portant Réglement général sur le Papier Terrier, Nous nous sommes réservez de nommer dans chaque ville & lieu, des Notaires pour recevoir toutes les déclarations ordonnées être fournies audit Papier Terrier, & de pourvoir en même tems, tant aux frais & salaires qui seront payez ausdits Notaires pour chacune desdites reconnoissances & declarations, qu'à ceux qui seront dûs au Greffe de notre Commission, pour la réception desdites reconnoissances; sur quoi il Nous requereroit de lui accorder un Réglement.

Veu notred. Ordonnance du 26 Janvier dernier, les Arrêts du Conseil en forme de Reglement fur cette partie, des 18 Février 1679. 18 & 28 Janvier 1683. enfemble l'Arrêt du 2 Juin 1694. mentionné dans les Lettres Patentes portant notre Commiffion du 26 Aoûr 1727. les Conclufions de Mᵉ. Jean-Baptifte de Pitton, Seigneur de Tournefort, Procureur Général de la Commiffion. Oüi le Rapport de Mᵉ. Antoine de Laugier, Chevalier de l'Ordre de Saint Michel, notre Subdélégué Général. Tout confidéré.

Nous Premier Préfident, Intendant & Commiffaire fufdit, avons commis pour recevoir & paffer les reconnoiffances & déclarations ordonnées être fournies au Papier Terrier par notre Ordonnance du 26 Janvier dernier, les Notaires Royaux ci-après dénommez dans chaque Ville & lieux principaux de la Province, &c.

Enjoignons à tous les poffeffeurs des Fiefs, Terres, Seigneuries, Comtez, Vicomtez, Marquifats, Baronnies, Jurifdictions, & autres droits & biens nobles, mouvans & relevans immédiatement du Roi,

Roi, tant Ecclésiastiques, Séculiers, gens de main-morte qu'autres, de quelque qualité & condition qu'ils soient, aux Consuls & Communautez de toutes les Villes, Bourgs & lieux de cette Province, Marseille, Arles & terres adjacentes ; à tous possesseurs, propriétaires & détempteurs des maisons & héritages, terres, prés, bois, isles, islots, travers, bacqs, batteaux, passages, pêcheries, paluds, rivieres, étangs, usages, minages, mesurages, hallages, étalonnages, coutumes, voiries, boucheries, places, rives, & autres fiefs généralement tant en fief qu'en roture, franc-aleu noble ou roturier ; aux engagistes & donataires des biens domaniaux, & généralement à tous ceux dénommez dans les Articles I. II. III. IV. V. VI. VII. & VIII. de notredite Ordonnance générale du 26 Janvier dernier, de fournir leurs déclarations en bonne forme dans un mois pour tout délai, à compter du jour de la publication de la présente, pardevant les Notaires ci-devant nommez, dans chaque Ville, Bourg & lieux principaux ; leur défendons de s'adresser a d'autres, & à tous autres Notaires de les recevoir & passer, à peine de nullité, &

Seconde Partie.   Z

de cinq cens livres d'amende pour chacune contravention.

Et pourvoyant aux frais & falaires à
payer par les Parties, tant aux Notaires
ci-devant nommez, pour la réception &
paffation defdites reconnoiffances, qu'au
Greffe de la Commiffion où elles feront
remifes, Ordonnons que tous lefdits frais
feront réglez comme ci-après.

Sçavoir.

AUX NOTAIRES.

Pour une page de minute ou de groffe
de chacune déclaration contenant trente
lignes, & chaque ligne vingt-deux fyl-
labes, cinq fols fix deniers, compris le
Papier timbré.

Pour les droits du dépôt & enregif-
trement des déclarations qui doivent être
remifes aux Archives de Sa Majefté en
la Chambre des Comptes, fuivant l'Arrêt du Confeil du 18 Juin 1683. quinze
fols pour chacune des déclarations qui
feront fournies par des particuliers, &
vingt fols pour chacune de celles qui feront fournies par les Confuls des Villes
& lieux du pays de Provence & des terres adjacentes.

Et outre lesdits droits, les Parties
rembourferont aux Notaires le contrôle
de chaque déclaration.

AU GREFFE DE LA COMMISSION.

Pour la remiffion & réception de chaque déclaration qui ne contiendra qu'un
article, il fera payé vingt-fix fols pour
les épices des Officiers & Greffier de la
Commiffion ; fi elle contient plufieurs
articles, il fera payé vingt-fix fols du
premier article, cinq fols de plus pour
chacun des autres, jufqu'au nombre de
dix, deux fols fix deniers pour chacun article au-deffus de dix, à quelque nombre qu'ils puiffent monter.

Les Notaires, chacun en droit foi,
percevront les droits ci-deffus réglez,
& en même tems qu'ils recevront les déclarations, & en demeureront refponfa-
bles, pour les remettre au Greffier de la
Commiffion, en prélevant ceux qui doivent leur appartenir lorfqu'ils apporte-
ront leurs minutes au Greffe, & le Greffier fera enfuite la diftribution defdits
droits, tant à Meffieurs de la Chambre
des Comptes qu'aux Officiers de la Commiffion.

ARPENTEURS, EXPERTS
ET SAPITEURS.

S'il est nécessaire de mesurer le ter-
rein & de l'estimer, il sera payé à l'Ar-
penteur deux sols par chaque arpent ou
journal de terre, & quatre sols aussi par
arpent ou journal à chacun des Experts;
& s'il s'agit d'une maison en tout ou partie, lesdits Experts feront taxer leurs
vacations par notre Subdélégué sur les
lieux; à l'égard des Sapiteurs, il leur
sera payé cinq sols de chaque maison ou
propriété qu'ils indiqueront, en sorte
cependant qu'ils ayent au moins chacun
vingt sols par jour.

HUISSIERS ET SERGENS.

Nous ordonnons que le Réglement
géneral du Conseil sur les frais des exploits du 13 Avril 1728. sera exécuté
selon sa forme & teneur.

SAISIES FEODALES.

Ceux contre lesquels on sera obligé
d'agir par saisies féodales de leurs fiefs,

droits, fonds & terres, faute par eux de fournir leurs déclarations, & qui en obtiendront dans la suite des Ordonnances de main-levée, seront condamnez au par-dessus de l'amende des cinq cens livres portée par l'article premier de notre Ordonnance générale du 26 Janvier dernier, à payer trente sols pour les épices & l'expédition de chacune desdites Ordonnances.

Faisons défenses aux Notaires, Greffiers, Huissiers & tous autres, d'exiger autres & plus grands droits que ceux fixez par le présent Reglement, à peine de restitution du quadruple, & d'être punis suivant la rigueur des Ordonnances.

Ordonnons au surplus que notredite Ordonnance générale du 26 Janvier dernier, sera exécutée selon sa forme & teneur. Fait à Aix le 27 Juillet 1729. *Signé*, LE BRET. *Et plus bas*, par Monseigneur, LEGUAY.

En Août 1729. il fut envoyé par la Commission un Mémoire instructif à tous les Notaires chargés de recevoir les déclarations.

MEMOIRE INSTRUCTIF,

aux Notaires Royaux nommez pour recevoir les déclarations qui doivent être fournies au Papier Terrier, en conséquence de l'Ordonnance générale de M. le Premier Préſident & Intendant, du 26 Janvier 1729.

Du 2 Août 1729.

Observation générale ſur chacune déclaration.

COmme chaque Seigneur, Communauté, ou Particulier ne ſont obligez qu'à fournir une ſeule déclaration contenant tout ce qu'ils poſſedent, & qu'il y en aura beaucoup dans le cas de faire leurs déclarations ſur le contenu aux huit premiers articles de ladite Ordonnance du 26 Janvier 1729. pour parvenir à dreſſer la ſeule déclaration générale que fournira chaque Seigneur, Communauté ou Particulier, les Notaires auront recours aux formulaires des déclarations particulieres qui ſeront faites pour chacun deſdits huit articles, en obſervant de commencer la déclaration par ce qui eſt contenu au premier deſdits articles, enſuite au ſecond, & ainſi du reſte.

Dans les Villes & lieux où il y a plus d'un Notaire nommé, les déclarations ſeront reçues par deux Notaires & ſans le ſecours de témoins, en déclarant à la fin de chaque déclaration que la minute en eſt reſtée à un d'eux.

Et dans les lieux où il n'y aura qu'un Notaire, il appellera les témoins à l'ordinaire.

ARTICLE PREMIER.

LES SEIGNEURS.

Le premier de ces huit articles comprend tous les Seigneurs des places, terres & Seigneuries, tant Eccléſiaſtiques, Laïques, Gens de main-morte, comme Religieux, Religieuſes, Communautez Séculieres, Régulieres, &c.

Modéle des Déclarations à fournir par les dénommez audit premier article

Pardevant les Notaires Royaux, &c.

Est comparu Messire un tel, ou tels &
tels Religieux, ou un tel au nom & comme fondé de procuration spéciale, quant
à ce, de tel, ou tel, suivant l'acte passé
devant tel Notaire, à tel endroit, con-
trôlé à un tel Bureau par un tel Commis;
lequel ou lesquels, pour satisfaire à l'Ordonnance générale de Monseigneur le
Premier Président, Intendant & Commandant en Provence, Commissaire député par le Roi pour la confection d'un
nouveau Papier terrier en cette Province, du 26 Janvier 1729. a ou ont reconnu & déclaré pour eux, leurs hoirs
& ayant cause, qu'ils tiennent & possedent en la mouvance & majeure directe
du Roi, comme leur Maître & Souverain Seigneur, à cause de son Comté de
Provence, le Fief ou partie du Fief,
Terre & Seigneurie de.....située en
cette Province, Viguerie de.....Dio-
cèse de.....confrontant du levant terroir des lieux de.....du couchant terroir de.....du midi les terres de.....&
du septentrion tels & tels terroirs; lequel Fief a été érigé en Comté, Vicomté, Marquisat, Baronie, &c. par Lettres Patentes de Sa Majesté du.....bien
& duement vérifiées & enregistrées en

la Chambre des Comptes le.... & consiste en la haute, moyenne, basse Justice, mere, mixte & impere, en un Château, maison, jardin, bois, enclos, en
tant de biens nobles, aux droits de lods
& ventes, à raison d'un ou deux sols
par florin, composé de douze sols, à cha- *Il faut bien*
que mutation, assujettie ausdits droits par *circonstancier*
les Statuts de la Province, au droit de *& détailler en*
prélation & retenue féodale dans lesdits *cet endroit*
tous les droits
du fief; & s'il
y en a eû de démembrez ou alienez, dire comment, à qui, *pour quelle*
somme, & en citer les actes translatifs.

cas, à ceux de, &c.....duquel fief dé- *Suivre ici*
pendent & relevent directement, ou en *ce qu'on a*
dit pour le
arriere fief, telle & telles choses qui *principal fief,*
sont possédées par tels & tels, consistans, *c'est-à-dire,*
&c. Et pour raison desquels lesdits tels *bien détailler*
en quoi consi-
& tels sont tenus à foi & hommage, *stent les droits*
aveux & dénombremens envers ledit *& biens des*
Seigneur, Comte, Vicomte, Marquis, *arrieres-fiefs.*
Baron, &c.

Plus, ledit Seigneur, Archevêque, *Observer*
Evêque, Abbé, &c. ou ledit tel pour *tout ce qui a*
été dit sur la
lui, a reconnu & déclaré comme dessus *déclaration*
tenir & posséder un autre fief, ou partie *du premier*
d'un autre fief situé, &c. *fief.*

Plus un autre fief, &c. *Idem.*

*Nta. Si le Seigneur qui reconnoît, est donataire ou
engagiste de quelques biens & droits domaniaux, il faudra prendre dans les art. suivans de quoi achever sa déclaration.*

S'il prétend posséder quelque chose en franc-aleu soit noble ou roturier, il faudra en user de même.

Lequel fief, ou lesquels fiefs ledit.... possede en ladite qualité de.....ou comme héritier de tels & tels, qui l'étoient de tels & tels, ou par vente, donation, partage, ou autres titres passez pardevant Notaires, qui seront datez & rapportez ici, le tout ainsi qu'il est plus amplement porté dans le dénombrement qu'il en a fourni en la Chambre des Comptes le.....dont copie collationnée est ci-attachée; ou bien, pour raison de toutes lesquelles choses ledit Seigneur s'oblige de prêter foi & hommage, & de fournir aveu & dénombrement en la Chambre des Comptes dans trois mois de ce jour pour tout délai, & d'en remettre copie au Greffe de la Commission du Papier Terrier.

C'est la seconde disposition du premier art. de l'Ordonnance générale du 26 Janvier 1749.

Tous lesquels fiefs, droits & biens, ledit Seigneur reconnoît tenir & posséder, à la charge par lui & ses successeurs d'en prêter foi & hommage, aveux & dénombremens en la Chambre des Comptes de Provence, à toutes mutations, & en outre dans les cas accoutumez & réglez par les Ordonnances ; qu'ils sont soumis envers Sa Majesté aux droits de lods & ventes, en cas d'aliénation, de rétention par prélation commise & cadu-

Il ne faut pas moins d'attention pour bien détailler les charges du

cité, au service personnel du ban & arriere-ban, à tels autres droits & devoirs seigneuriaux, & entr'autres à une telle cense ou redevance, s'il y en a une, &c. Et le contenu en la présente déclaration desdits tels ou tels ont confirmé véritable, & vouloir y persister, pardevant lesdits Notaires Royaux soussignez, sous les peines de droit. Fait & passé, &c.

Art. II.

LES COMMUNAUTÉS LAIQUES.

Ce second article comprend toutes les Communautez de la Province, Marseille, Arles & Terres adjacentes ; & suivant icelui, les Echevins & Consuls de chacune desdites Communautez doivent fournir leurs déclarations ou reconnoissances suivant le formulaire qui suit.

Pardevant, &c. est comparu un tel & tel, Consuls & Députez de la Communauté de.... & comme Procureurs d'icelle, suivant la délibération du Conseil Général de ladite Communauté de.... contrôlée à.....par un tel Commis, qu'ils nous ont remise pour être annexée à la minute des présentes, lesquels audit nom, & pour satisfaire à l'Ordonnance générale de Monseigneur LE-BRET, &c. (comme au préambule du premier article) ont déclaré & reconnu que ladite Communauté tient & possede en corps commun le Fief, Terre & Seigneurie de.....situé en cette Province, Viguerie de.....Diocèse de.... &c.

Si la Communauté ne possede aucun fief, on suivra sa déclaration comme ci-après.

Ont déclaré & reconnu que la Ville est Royale, que le Roi en est seul Seigneur foncier & haut-justicier, que la directe universelle sur les maisons & héritages ou partie seulement, appartient à Sa Majesté, que tels & tels y possedent aussi des directes particulieres.

des fiefs, & si la Communauté est donatrice ou engagiste des Domaines, ou qu'elle possede quelques biens en franc-aléu, noble ou roturier, prendre dans les modéles ci-après de quoi dresser sa déclaration sur ces faits.

Pour la plus grande facilité des déclarations à fournir par les Consuls & Echevins, on va suivre en détail les 20 articles contenus dans l'état qui est à la suite de l'Ordonnance générale du 26 Janvier 1725. duquel, ensemble de l'Ordonnance, un exemplaire sera attaché à la présente instruction.

PREMIER ARTICLE DUDIT ÉTAT.

Et pour rendre ladite déclaration plus intelligible, les No- Ou que ledit lieu de.....est Comté, Vicomté, Marquisat, Baronnie ou simple fief mouvant & relevant du Roi ou e la Principauté, Comté, Vicomté, &c. de.....que tels & tels en sont Seigneurs par indivis, l'un pour la moitié, l'autre pour le tiers, le quart, &c.

II

Que l'étendue du fief est d'environ trois, deux, une lieue de circonférence, & confronte du levant, terroir de...au midi, terroir de...du couchant, terroir de.....& du septentrion, terroir de.....que le Roi n'y possede aucune justice directe ni autres droits seigneuriaux.

Ou que Sa Majesté y possede la haute justice avec la directe sur les places publiques, rues, régales, fossez, remparts, &c.

III.

Que la haute Justice y est exercée toute l'année au nom de Sa Majesté.

Ou que lesdits tels & tels Seigneurs y possedent & font exercer en leurs noms la haute, moyenne & basse Justice; sçavoir, ledit sieur.....pendant tant de mois & de jours, ledit sieur....pendant tel tems, &c, ledit sieur pour tel tems, &c. & que la directe universelle emportant lods & censives sur tous les bâtimens & biens enclavez dans l'étendue dudit fief, & possédé par indivis par lesdits Seigneurs, qu'ils y exigent les lods sur le pied du douziéme, ou sur le pied du sixiéme dont le produit est partagé entr'eux à la fin de chaque année, à proportion de leurs parts & portions dans ladite Jurisdiction, haute, moyenne & basse.

I V.

Qu'il n'y a dans l'étendue dudit fief aucun château, maison, ni autres Domaines appartenant au Roi, ou qui lui ait appartenu.

Ou que le Roi possédoit autrefois dans l'étendue dudit fief tels & tels biens, maisons, bastides, prés, terres, jardins, &c. lesquels ont été donnez ou aliénez en l'année.....à tels & tels.

V.

Que la Communauté possede à titre d'inféodation & engagement de Sa Majesté telle & telles portions de Jurisdictions, que la Communauté fait exercer par les Juges qu'elle établit ; que les droits de Greffe & de petit Scel desdites Jurisdictions appartiennent à la Communauté, ou à tels & tels, par l'acquisition qu'ils en ont faite du Roi ou de la Communauté.

Ou que la Communauté ne possede audit lieu aucune Justice que celle de la Police ordinaire, qui peut être exercée par les Officiers municipaux, & que le Greffe en appartient à ladite Communauté.

V I.

Que dans l'étendue dudit fief il y a telles forêts, bois de haute futaye ou taillis, de la contenance d'environ cent journaux, &c. plus ou moins, dont le fonds est de bonne qualité, ou dont le fonds est médiocre.

Que dans ladite quantité de...... journaux de bois, il en appartient tant à à tel & tel, & que le restant est possédé en corps de Communauté par les habitans & possédans biens audit lieu.

Ou qu'il y avoit autrefois un bois, une forêt, &c. située dans l'étendue dudit fief, contenant tant de journaux, qui a été défrichée par...en l'année.... que le fond dudit bois est médiocre, qu'il est possédé par tel & tel, & qu'il est présentement en terre labourable, ou planté de vignes, oliviers ou autres arbres.

Ou qu'il n'y a jamais eu dans l'étendue dudit fief aucuns bois, forêts ni taillis, les habitans étant obligez de se servir pour leur chauffage de tels & tels bois.

VII.

Qu'il y a dans l'étendue duditfief tels & tels pâturages, chauffages, glandages, telles & telles terres gaftes, vagues, tels étangs ou marais en état ou defféchez, que le tout appartient à.... que les fonds défrichez & les marais defféchez ont été mis en culture depuis tant d'années par tels & tels.

Ou qu'il n'y a dans l'étendue dudit fief aucunes terres gaftes, vaines ou vagues, ni étangs ni marais ; mais que la Communauté y poffede tels & tels droits de pâturages, chauffages, glandages, &c.

VIII.

Que la Communauté poffede tels & tels biens fonds, & de telle & telle nature.

Ou que la Communauté ne poffede aucuns biens fonds dans l'étendue dudit fief, mais feulement les droits d'ufages, pâturages, glandages & chauffages mentionnez en l'art précédent, dont lefdits tels & tels font Seigneurs fonciers, & pour raifon defquels, enfemble des autres droits dont il fera ci-après parlé, elle

elle leur fait une pension féodale, rente ou cense de la somme de, &c.

IX,

Qu'il passe dans l'étendue dudit fief telle & telle riviere, dont l'une est navigable & l'autre flottable, que la pêche en appartient au Roi ou à tel Seigneur; qu'il a été dérivé de ladite riviere tels ou tels canaux pour l'arrosage des terres; que pour raison de ce il est dû pour chaque habitant & pour chaque journal de terre, dix, quinze, vingt sols par année, qui sont payez à tels; qu'il y a le long de ladite riviere plusieurs isles, islots, accroissemens, qui sont possédez par les ci-après dénommez; sçavoir.

Par un tel, une telle isle ou islot, de la contenance d'environ deux journaux, qui peut produire trois livres par année.

Par un tel, un accroissement contenant environ un journal, qui peut produire tant par an, ou qui ne produit rien, &c.

Ou qu'il ne passe dans l'étendue dudit fief aucune riviere navigable ni flottable, & que par conséquent il n'y a ni isles, islots, ni accroissement.

X.

Que sur ladite riviere il y a un pont

appellé le pont....ou une barque, port
& paſſage appartenant à....pour raiſon
de quoi il lui eſt payé tels & tels drõits,
leſquels droits ſont ordinairement affermez la ſomme de....par année.

Ou qu'il n'y a ni batteaux, barques,
ports, paſſages ni pont dans l'étendue
dudit fief, & qu'ainſi il ne s'y exige aucuns droits.

XI.

Qu'il y a dans ledit lieu un ou pluſieurs fours & moulins banaux à bled
ou à huile, telles forges, fourneaux,
martinets, foulons, paroirs, papeteries,
verreries, qui appartiennent ; ſçavoir,
à tel, &c.

Les fours & moulins banaux, pour
raiſon deſquels & des autres droits mentionnez en l'article VIII. la Communauté fait audit tel la penſion féodale
de la ſomme de....

A tels, telle forge, fourneau, marti-
net, foulon, paroir, papeterie, verrerie, &c. lequel ou laquelle eſt affermé
ordinairement la ſomme de....par année.

Ou qu'il n'y a dans l'étendue dudit
fief aucuns fours & moulins banaux à

bled ni à huile, ni forges, fourneaux, martinets, &c.

XII.

Que ledit ou lefdits Seigneurs poffedent dans ledit lieu tels & tels droits de péages, paffages & pulverages fur telle & telles marchandifes, gens, bêtes chargeés, beftiaux, &c. lefquels droits produifent la fomme de....par année.

Que la Communauté ou tels & tels poffedent dans ledit lieu les droits de poids & mefures, halles, étaux, places ou bancs de poiffonneries ou boucheries, qui produifent par année telle & telles fommes.

Ou que la Communauté ni aucun autre ne poffede rien dans l'étendue dudit fief, de tous les droits compris au préfent article.

XIII.

Que la Communauté ou tel Seigneur poffede tels & tels droits fur l'entrée ou fortie des huiles, favons, chair & poiffons falez ou frais, & autres marchandifes & denrées qui paffent dans l'étendue dudit fief, ou qui entrent & fortent dudit lieu, lefquels droits font affermez la fomme de....

Ou la négative du préfent article.

X I V.

Idem qu'au précédent article.

X V.

Comme la plûpart des Consuls ne sauront point en quoi consistent ces droits, & qu'il est important à l'intérêt de S. M. qu'ils soient ici détaillez, les Notaires laisseront cet article en blanc, & une assez grande distance pour pouvoir les expliquer & pour remplir l'article sur le pied de ce qui fut déclaré au dernier Papier Terrier. Et pour qu'on ne puisse y rien mettre que ce qui concernera lesdits droits, après avoir cotté l'article, ils mettront au-dessous du nombre 15 ces mots :

Que ladite Communauté payoit anciennement au Domaine la somme d ... pour droits d'albergues, cavalcades, quiste, foucage, &c. ou qu'elle étoit obligée de fournir au Roi un homme & un cheval, armé, &c. mais que tous ces droits ont cessé, parce qu'ils font partie de l'abonnement général que la Province fit par Arrêt du Conseil du 19 Juin 1691. moyennant la rente annuelle au Domaine, de la somme de trente-cinq mille livres.

Droits d'Albergues, Cavalcades, &c. qui font partie de l'abonnement général fait par Arrêt du Conseil du 29 Juin 1691.

X V I.

Que dans ledit lieu il y a tels & tels Gentilshommes ou Roturiers possédans tels & tels fiefs mouvans & relevans du Roi, ou qu'il n'y a dans ledit lieu aucun Gentilhomme ni roturier, &c.

Qu'il y a dans l'étendue dudit fief tels & tels arriere-fiefs situez au levant, au

midi, au couchant ou au septentrion
dudit terroir, & qui sont possédez avec
moyenne & basse Justice par tels & tels,
ou le contraire de ce que dessus.

XVII.

Que dans l'étendue dudit fief tels Abbayes, Chapitres, Ecclésiastiques &
autres Gens de main-morte possedent
tels & tels biens nobles ou roturiers situez, &c.

Ou le contraire s'il n'y en a point.

*Et si le lieu est voisin de la mer, on
ajoutera les articles ci-après.*

XVIII.

Que la Communauté ou tel & tels
ont droit de posséder des madragues,
de construire des bourdigues ou autres
pêcheries en tels & tels lieux, qu'ils y
en ont actuellement ; sçavoir, un tel
une, deux, &c. situez, &c. un tel trois,
situez, &c.

Ou la négative s'il n'y en a point.

XIX.

Qu'il y a ou qu'il n'y a point dans
l'étendue dudit fief des salins ou des
étangs salez, que la pêche de la mer y
est libre, ou que pour pêcher il faut une

permiſſion du Roi, de Monſeigneur l'A-
miral, des Conſuls ou de quelqu'autre,
& que chaque pêcheur paye audit....
ou à ladite.....telle ſomme, pour avoir
cette permiſſion.

X X.

Que la Communauté ou tels & tels
Seigneurs Eccléſiaſtiques, Laïques ou
autres, perçoivent tels & tels droits ſur
les pêcheurs & pêcheries, ſur les mar-
chandiſes & denrées qui paſſent & ſe débarquent dans l'étendue deſdits fiefs,
ports & plages de la mer, & ſur les effets échouez ou ſauvez des naufrages.

Ou la négative du préſent article.

Si la Communauté poſſede quelques
biens & droits par dons, conceſſions ou
engagemens du Roi, on l'ajoutera en
cet endroit, en ſe ſervant des formulaires ci-après, ſur les art. IV. & VI.

Si de même, elle poſſede quelques
biens en franc-aleu noble ou roturier, on
les fera reconnoître après ceux donnez,
concédez & engagez par Sa Majeſté, &
on ſe ſervira à cet effet du formulaire ſur
l'art. VII.

Après quoi on finira la déclaration
ainſi qu'il ſuit.

Et lesdits Sieurs tels & tels Consuls
n'ayant plus rien à dire pour satisfaire à
ladite Ordonnance générale du 26 Janvier dernier ; Nous, Notaires soussignez,
leur aurions lû & relû tout le contenu
en la présente reconnoissance & déclaration qu'ils ont affirmez véritable pardevant nous, & nous ont requis de leur
en donner acte, ensemble de la protestation qu'ils font au nom de leur Communauté, & suivant sa délibération attachée à la minute des Présentes, qu'ils
ne prétendent nuire ni préjudicier aux
droits de ladite Communauté, ni la
charger de plus grands services, tant
envers Sa Majesté qu'envers lesdits tels
& tels Seigneurs, dont & du tout nous
aurions donné acte ausdits Sieurs Consuls. Fait & passé à....l'an mil sept
cens.... & le....jour du mois d....
à....midi, & ont lesdits Sieurs Consuls signez avec nous.

Suite de l'Ordonnance générale.

ARTICLE III.

FIEFS ET ROTURE.

Le troisiéme article comprend géné-

ralement tous les propriétaires & posseſ-
ſeurs des biens nobles & roturiers, mouvans & relevans du Roi, tant à cauſe de
ſon Comté de Provence, Forcalquier
& terres adjacentes, des directes générales & particulieres que Sa Majeſté poſſede dans les villes, bourgs, terroirs &
lieux de la Province, qu'à cauſe des bâtimens, édifices & avancemens conſtruits ſur les quais & ports, dans les rues
& places publiques, ſur les régales, foſ-
ſez, remparts, ou qui ſont appuyez
dans la mer ou ſur les murs & régales
des villes & bourgs, &c. ſoit que leſdits
biens, bâtimens, maiſons, caves, au-
vents & autres avancemens ſoient aſſu-
jettis ou non à des cenſes, ou qu'ils
n'ayent point été reconnus au precédent
papier terrier.

Si c'eſt un fief ou bien noble, il faut pour les dé-tailler avoir recours au formulaire du premier arti-cle.

Tous ces poſſeſſeurs ou propriétaires,
de quelque état & condition qu'ils ſoïent,
ſont obligez par ledit article III. de fou-
nir, chacun en particulier, la déclaration ou reconnoiſſance de ce qu'ils poſſedent dans leſdits cas. En voici le formulaire.

Pardevant, &c. eſt comparu un tel,
(mettre ſa qualité & ſa demeure) lequel
pour ſatisfaire à l'Ordonnance générale
de

de M. le Premier Préſident, Intendant & Commiſſaire député par le Roi pour la confection du nouveau Papier Terrier en Provence, du 26 Janvier dernier, publiée & affichée partout où beſoin a été, a reconnu & déclaré pour lui, ſes hoirs & ayant cauſe, à l'avenir tenir & poſſéder en la majeure directe, mouvance & Seigneurie du Roi, à cauſe de ſon Comté de Provence, Forcalquier & terres adjacentes, tels & tels biens, droits, &c.

Ou a reconnu & confeſſé pour lui & les ſiens, à l'avenir être détempteur, propriétaire & poſſeſſeur d'une maiſon ou partie de maiſon, ſiſe en cette Ville de.....rue....confrontant d'orient... du midi.....d'occident....& du ſeptentrion...étant en la cenſive majeure, directe, mouvance & Seigneurie du Roi, à cauſe de ſon Comté de Provence, Forcalquier & terres adjacentes, pour le total (ou une partie) conſiſtant en deux corps de logis, l'un ſur le devant, & l'autre ſur le derriere de ladite rue, compoſez, ſçavoir, celui ſur le devant, d'un plein pied & de deux étages, partagez chacun en trois ou quatre membres, &c. & celui du derriere de trois étages, &c.

Seconde Partie.　　　Bb

y ayant sur la rue une cave, un auvent, &c. qui avance dans ladite rue d'environ trois cannes, &c. & sur le derriere, qu'il y a tant de membres & bâtimens qui appuyent sur les murs, remparts ou régales de la Ville, que les principaux murs dudit derriere ou du devant sont construits dans la mer, ou dans la riviere, ou sur le Quay, &c. & que la totalité ou partie de ladite maison, située dans la directe du Roi, est chargée envers la recette de son Domaine, d'un, trois, six deniers, un sol, &c. de cense par chacun an, au jour & fête de.... ou que ladite maison ou partie de maison n'est chargée d'aucun cens envers la recette du Domaine, qu'en l'un & l'autre cas, elle est assujettie aux droits de lods & ventes, en cas d'aliénation, au droit de prélation & retention féodale de la part de Sa Majesté ou de son Fermier & leurs cessionnaires, & à prendre ensaisinement à la Chambre des Comptes, audit cas d'aliénation, & dans tous les autres cas, du Receveur Général du Domaine & Bois de cette Province, tous lesquels cens, droits & devoirs ledit sieur.....promet & s'oblige d'acquitter régulierement, comme par le passé, déclarant qu'il tient & possede ladite maison, ou partie de maison, comme héritier d'un tel ou d'une telle, ses pere & mere, ayeul & ayeule, oncle, cousin, &c. qui la tenoient de, &c. ou qu'il la possede par contrat d'acquisition, échange, transaction, partage, donation, collocation, option, ou tous autres actes translatifs qu'il faut dater & rapporter ici.

Plus, ledit sieur....a déclaré qu'il tient & possede en la même mouvance majeure, directe & Seigneurie du Roi, une autre maison, &c.

Observer tout ce qui a été dit sur le premier article de la présente déclaration.

Plus, une terre, vigne, oliviers, prés, &c. situez au terroir dudit lieu, quartier, &c. confrontant, &c.

Si le particulier déclarant est donataire ou engagiste de quelque portion de domaine.

S'il possede des biens en franc-aleu, noble ou roturier.

S'il possede des directes particulieres dans les lieux où le Roi en a.

On prendra ce qui conviendra pour achever sa déclaration dans les formulaires sur les articles ci-après ; & ensuite on finira la déclaration en ces termes.

Bb ij

Laquelle présente déclaration & reconnoissance ledit tel a affirmé véritable sur la lecture que nous lui en avons faite, & déclaré y persister, le tout sur les peines de droit. Fait & passé à.....l'an mil sept cens.....&c.

IVe. ART.

ENGAGISTES DES DOMAINES.

Cet article comprend tous les Engagistes des anciens Domaines du Roi, à quelque titre que ce soit.

Formulaire de Déclaration sur le quatriéme article.

Pardevant, &c. est comparu un tel, lequel pour satisfaire à l'article IV. de l'Ordonnance de Monseigneur le Premier Président, Intendant & Commissaire député par le Roi pour la confection d'un nouveau Papier Terrier, &c. a reconnu & confessé par ces présentes pour lui & les siens, tenir & posséder à titre d'engagement du Roi, le Fief, Terre & Seigneurie de.....située en cette Province, Viguerie de....Diocèse de....confrontant, &c. consistant en haute, moyenne & basse Justice, mere mixte, impaire, &c.

Détailler ici tous les droits utiles & honorifiques du fief, comme il est marqué au formulaire sur le premier article.

Plus, la haute Justice d'un tel fief situé, &c.

Plus une place, maison, héritage, un pré, une vigne, &c. située, &c. consistant, &c.

Lesquels fiefs, biens, droits, maisons & héritages sont en la mouvance majeure, directe & Seigneurie de Sa Majesté, sujets aux droits de lods & ventes, en cas d'aliénation de la part du sieur... ou des sieurs...& sont en outre chargés envers la recette du Domaine d'une redevance annuelle ou cens de la somme de ...payable à chaque jour & fête S...ou à tel & tel service personnel envers S. M. au ban, arriere-ban, à la foi, hommage, aveu, dénombrement en la Chambre des Comptes, à l'investiture ou ensaisinement, &c. le tout suivant & conformément aux contrats de ventes & adjudications qui en ont été faits à son profit, ou à celui du sieur...son ayeul, bisayeul, oncle ou tante, &c. par M ᵗˢ les Commissaires à ce députez les..... 1670....Juin 1675. &c. moyennant le prix & somme ; sçavoir.

Le fief de....pour la somme de...

Ladite maison pour celle de.......

Ladite place pour celle de........

Et encore suivant les quittances de finances qui ont été expédiées les.... &
les foi, hommages, aveux & dénombremens qui en ont été ci-devant fournis
en la Chambre des Comptes, tant par
ledit sieur.... que par ses auteurs, nous
ayant présentement remis une copie collationnée du dernier dénombrement,
pour être joint à la présente déclaration,
que ledit sieur.... a affirmée véritable
pardevant nous Notaires, à peine de
tous dépens, dommages & intérêts. Fait
& passé, &c.

Art. V.

INFÉODATIONS PAR BAUX
EMPHITEOTIQUES.

Le cinquiéme article comprend tous
les particuliers, communautez, &c. qui
possedent des fiefs, seigneuries, maisons, fermes, droits & autres biens dépendans des Domaines par baux emphitéotiques à tems, à vie, à extinction de
famille & autres clauses.

*Formulaire de déclaration sur le cinquiéme
article.*

Pardevant, &c. est comparu l.....

lequel pour satisfaire à l'article V. de l'Ordonnance , &c. a déclaré par ces présentes qu'il possede à titre d'inféodation du Roi René , Comte de Provence , en l'année 1460, pour un tel tems , commencé en ladite année , & qui doit finir l'an....ou à extinction de la famille de....à laquelle ladite inféodation fut faite , ou par engagement à vie , ou par bail emphitéotique à vie , à tems ou extinction de famille , par Brevet, Lettres Patentes , &c. tels , tels & tels biens , droits , revenus , &c. situez , &c. confrontant , &c. consistant , &c.

Desquels biens , droits & revenus ledit sieur....doit encore jouir tant de tems , ou tant qu'il vivra , ou jusqu'à l'extinction de la famille dudit...dont il déclare que tels & tels sont encore vivans , comme issus de....qui l'étoient du chef de ladite famille de, &c.

Le tout suivant & conformément à tels & tels titres primordiaux (qu'il faudra faire représenter & dater en cet endroit) & moyennant telle & telle rente, cens ou devoirs, &c. (qu'il faudra de même expliquer) & encore suivant les aveux & dénombremens qui en ont été ci-devant fournis en la Chambre des

comment il est possible que ce soit ceux qui possedent aujourd'hui, s'ils ignorent leurs généalogies.

Comptes ; copie collationnée du dernier desquels ledit sieur....nous a remis, pour être jointe & annexée à la minute de la présente déclaration, que ledit sieur a affirmée véritable, à peine de tous dépens, dommages & intérêts. Fait & passé, &c.

ART. VI.

DONATAIRES.

Le sixiéme article comprend tous les dons & concessions qui ont été faits par Sa Majesté, & ses prédécesseurs Comtes de Provence, des fiefs, châteaux, Seigneuries, maisons, places, droits de poids, & autres, isles, islots, bacqs, batteaux, ponts, passages, péages & autres droits domaniaux généralement & sans exception, soit que les dons, concessions & lettres ayent été vérifiées ou non, ou soit à quelque titre que ce puisse être.

Formulaire de déclaration à fournir sur cet article.

Les détailler comme aux précédens formulaires.

Pardevant, &c. est comparu.....lequel, pour satisfaire à l'art. VI. de l'Ordonnance, &c. a reconnu & déclaré par ces préfentes qu'il poffede & jouit à titre de don de Sa Majefté, ou du feu Roi Louis XIII. Henri IV. &c. de tels, tels & tels biens, droits, &c.

Tous lefquels biens font mouvans de la majeure, directe & Seigneurie de Sa Majefté, & lui ont été donnez avec leurs circonftances & dépendances par Lettres Patentes du Roi......du...... vérifiées & enregiftrées au Parlement, Chambre des Comptes & Bureau des Finances de Provence, les....moyennant une cenfe ou redevance annuelle qu'il paye à la Recette du Domaine, ou qui a été par lui amortie, en exécution de l'Edit du mois de....1695. de celui du mois de....1702. ou de celui d'Août 1708. pour la fomme de..... fuivant la quittance de finance du.... ou lui ont été donnez par Lettres Patentes, &c. francs de cenfes & rentes, & feulement à la charge des droits de lods & vente en cas d'aliénation, d'en prêter foi & hommage en la Chambre des Comptes, & d'y donner aveux & dénombremens de la fituation, confiftance & valeur defdits biens, copie collationnée du dernier defquels aveux & dénombremens, a été jointe & annexée à la minute de la préfente déclaration, que ledit fieur.....a affirmée véritable, à peine de tous dépens, dommages & intérêts. Fait & paffé, &c.

VII.

FRANC-ALEU.

Le franc-aleu n'eft autre chofe qu'un bien noble ou roturier poffédé en franchife, Le feptiéme article comprend les particuliers ou communautez qui prétendent poffèder des biens, foit nobles ou roturiers en franc-aleu.

c'eft-à-dire, qui n'eft fujet à aucune cenfe ni directe envers aucun Seigneur.

On ne penfe pas qu'il y ait en Provence de franc-aleu noble; mais feulement plufieurs biens en franc-aleu roturier; ainfi il faudra s'en tenir à cette derniere efpece.

Formulaire de déclaration fur cet article.

Pardevant, &c. eft comparu un tel; ou tels & tels Confuls de la Communauté, &c.

Lequel, ou lefquels, pour fatisfaire à l'art. VII. de l'Ordonnance générale, &c. ont reconnu & confeffé par ces préfentes, tenir allodialement en franc-aleu noble ou roturier, tels & tels biens, terres, maifons & héritages, fituez, &c.

contenant ou confiſtant, &c. confrontant, &c. avec tels & tels droits ; que
leſdits biens ſont de valeur d'environ...
& peuvent produire une telle ſomme
par année, déclarant ledit..... ou leſdits.....qu'ils n'ont jamais reconnu ni
payé aucuns lods ni cenſives à aucuns
Seigneurs directs, & qu'ils veulent &
entendent poſſéder leſdits biens en franc-
aleu roturier, que ladite maiſon a une
cave avancée ſous la rue ou place, depuis un tems immémorial, ou bien qu'il
la poſſede depuis tel tems ſans conceſſion, & ſuivant la liberté naturelle dont
chacun jouit, ou bien par conceſſion
d'un tel jour & ſous telle cenſe ou ſervice. Que ladite terre eſt arroſée de telle eau, par faculté naturelle, qui n'a
jamais été interrompue ni contredite,
& ſans payer aucun droit ni redevance,
ou duquel arroſage, avancement, &c.
il a pris la conceſſion du Roi au Bureau
des Finances, ou de tel Seigneur, ſous
la cenſive de..... pour la conceſſion
ſeulement dudit arroſage ou avancement
ſous la rue, ſans préjudice de l'allodialité & franchiſe du fond dont ledit....
ou leſdits proteſtent.

Et pour prouver ladite allodialité,

Détailler la ſituation, la contenance, conſiſtance & les confronts, comme aux précédens formulaires.

franchise & franc-aleu , ledit ou lesdits
ont rapportez tels & tels titres de leurs
devanciers possesseurs.

Ou, & attendu que ledit ou lesdits
n'ont aucun titre pour prouver ledit
franc-aleu & allodialité du fonds, parce
qu'ils les possedent de pere en fils depuis un tems immémorial, ils ont affirmé
véritable la présente déclaration, sous
les peines de droit, & de tous dépens,
dommages & intérêts. Fait & passé,
&c.

Art. VIII.

DIRECTES PARTICULIERES.

Cet article comprend les particuliers,
communautez & gens de main-morte,
qui possedent des directes particulieres
dans les villes, terroirs & lieux où Sa
Majesté a des mouvances & directes roturieres relevantes de son Domaine.

Comme il est essentiel au service du
Roi que ces directes particulieres soient
distinctes & séparées des siennes, ceux
qui les possedent sont obligez par cet
article d'en donner le dénombrement,
& d'en passer reconnoissance au Papier
Terrier, pour que les unes & les autres

ne se puissent confondre à l'avenir, ni
les propriétaires reconnoître d'autres
personnes que le Roi, ou lesdits particuliers.

Formulaire de déclaration sur cet article.

Pardevant, &c. est comparu un tel,
&c. lequel, pour satisfaire à l'art. VIII.
de l'Ordonnance générale, &c. a reconnu & confessé qu'il tient & possede en
ladite ville & terroir de.....la quantité
de tant de directes sur les maisons, biens
& héritages ci-après détaillez, comme
héritier ou acquereur de tels & tels, suivant le testament, le partage, l'acte de
vente, &c. passez devant tels & tels Notaires, les.......

S ç A V O I R ;

La directe sur la maison actuellement
possédée par un tel, sise en cette ville,
rue, &c. confrontant, &c. consistant,
&c. à la cense de, &c. suivant la der-
nière reconnoissance passée au profit dudit sieur.....pardevant tels Notaires,
le......

Plus, la directe sur une terre, vigne
& oliviers, &c. suivre ce qui est ci-

deſſus marqué pour la maiſon.

Plus, &c.

Toutes leſquelles directes & cenſes emportent lods & droit de prélation en cas d'aliénation au profit dudit ſieur.... qui en diſpoſe comme bon lui ſemble, en vertu des titres ci-devant datez & rapportez, ou qui en diſpoſe comme de ſon bien propre, ainſi & de même qu'en ont fait ſes auteurs, par la poſſeſſion immémoriale qui en eſt dans ſa famille, &c. ce que ledit ſieur.... audit nom a affirmé véritable, ſous les peines de droit, & de tous dépens, dommages & intérêts. Fait & paſſé, &c.

' Inſtruire les parties de tout ce à quoi elles ſont obligées par les huit articles qu'on vient de traiter, leur donner à entendre chacun en particulier, & les exhorter à faire une déclaration véritable pour éviter l'amende, & l'obligation de la réformer à leurs dépens.

Voilà à peu près dans quelles formes doivent être reçues & paſſées les déclarations ordonnées être fournies par les huit premiers articles de l'Ordonnance générale du 26 Janvier 1729. on laiſſe à l'expérience & à la capacité des Notaires d'y ajouter & diminuer ce qu'ils trouveront de plus à propos & de plus avantageux pour l'intérêt de Sa Majeſté, ſelon les cas qui n'ont point été prévûs, & à cet effet de lire & relire attentivement le contenu auſdits huit premiers articles de l'Ordonnance, en préſence de ceux qui fourniront les déclarations, de les interroger fur chacun defdits articles, & de les avertir des peines qu'ils encoureront en cas de fauffe déclaration, le tout avant que de clore & finir aucune defdites déclarations.

ART. IX.

Toutes lefdites déclarations feront reçues & paffées par les Notaires, féparément les unes des autres, & fur feuilles volantes de petit papier timbré, à un fol quatre deniers la feuille, ou vingt deniers, compris les quatre fols pour livre, & non en protecolles & mains courantes, comme les autres actes, afin que lorfque toutes les minutes en feront remifes au Greffe de la Commiffion, on puiffe en compofer des regiftres uniformes, & les diftribuer ville par ville, & viguerie par viguerie, fauf aufdits Notaires à délivrer les deux groffes ou extraits defdites reconnoiffances en moyen papier à deux fols la feuille, fi les Parties le requierent.

La feconde Ordonnance de Monfeigneur le Premier Préfident, Intendant & Commiffaire, du 27 Juillet même an-

Nomination des Notaires, & défenses à tous autres de recevoir les déclarations.

Reglement des droits qui doivent être payez pour chacune déclaration.

née 1729. nomme dans chaque ville & lieux principaux de la Province, ceux des Notaires Royaux qui recevront lesdites reconnoissances, défend aux autres Notaires de les recevoir & passer, à peine de 500 liv. d'amende pour chaque contravention, & regle les frais & salaires qui doivent être payez pour chacune déclaration. Elle est ci-devant à sa date.

X.

Les déclarations doivent être controllées dans la quinzaine de leur date.

Chaque déclaration sera controllée au Bureau de l'Arrondissement, dans la quinzaine de sa date, comme les autres actes, & les droits payez suivant l'article XLI. du Tarif du 29 Septembre 1722.

En expédier deux grosses ou extraits, & en les remettant aux Parties, les avertir de les porter avec les titres & piéces au Greffe de la Commission dans la quinzaine pour tout délai.

Après quoi les Notaires délivreront deux grosses ou extraits de chacune déclaration aux Parties, pour être remises au Greffe de la Commission.

Observer sur ces extraits comme sur les minutes, de laisser une grande marge

Les Notaires observeront sur les minutes & les extraits des déclarations, de laisser une grande marge pour y pouvoir écrire les acceptations ou blâmes du du Procureur général de la Commiſſion & du Fermier, enſemble les Jugemens de réception ou de renvoi, & ils avertiront ceux qui fourniront leurſdites déclarations, de remettre ou faire remettre dans la quinzaine pour tout délai au Greffe de la Commiſſion les deux groſſes qui leur auront été expédiées, avec les titres & piéces qu'ils ſont obligez de rapporter par l'Ordonnance générale, en leur recommandant de faire attacher aux groſſes, leſdits titres & piéces, pour qu'ils ne s'égarent point; & les Notaires, en recevant leſdites déclarations, ou en expédiant les deux groſſes, auront ſoin de ſe faire payer tous les droits reglez par la ſeconde Ordonnance du 27 Juillet 1729. dont ils auront un exemplaire en placard, affiché dans leur étude; autrement ils ſeront contraints à payer en leurs noms ceux qui concernent Meſſieurs de la Chambre des Comptes, & ceux des Officiers de la Commiſſion, conformément à la ſeconde Ordonnance.

pour l'exécution des articles 14. & 17. de l'Ordonnance générale.

XI. XII. XIII. XIV. & XV.

Ces articles ne regardent en aucune

Seconde Partie.   C c

façon les Notaires, pour qui principalement la présente instruction est faite, il n'en sera point parlé ici.

XVI. & XVII.

Ces articles n'ont besoin que d'être lûs par les Notaires nommez : mais pour qu'il ne s'égare aucune des minutes des déclarations qu'ils recevront, on ne sçauroit assez leur recommander d'en composer un répertoire ou inventaire, & de les enliasser à fur & à mesure qu'ils les recevront, autrement ils encoureroient de grands risques, & le moindre seroit de payer les dépens, dommages & intérêts des parties qui seroient poursuivies à fournir leurs déclarations, lorsqu'ils y auroient déja satisfait.

En gardant cet ordre si nécessaire, les Notaires y trouveront encore cette facilité à la fin du travail, que toutes les minutes seront rangées & inventoriées, ensorte qu'ils n'auront qu'à copier leur répertoire journalier, pour obtenir du Greffier de la Commission la décharge essentielle dont il est parlé dans l'art. XVI.

Les Notaires remettront ou feront remettre au Greffe de la Commiſſion les droits qu'ils doivent y porter, ſuivant la ſeconde Ordonnance, tous les mois, & plutôt s'ils le peuvent ſûrement & commodément ; & pour cet effet, on leur procurera des moyens faciles pour exécuter cet article ſur les lieux, ſans qu'il ſoit beſoin de faire des voyages à Aix, qui ſeroient à leurs dépens.

Ces droits conſiſtent, ſçavoir.

A MESSIEURS DES COMPTES.

Pour chaque déclaration fournie par un particulier............ 15 ſ.

Pour chacune de celles fournies par les Communautez..... 1 l.

Mais il n'en eſt pas de même de ceux dûs au Greffe de la Commiſſion, parce que c'eſt le nombre des articles compris dans une même déclaration qui doit les regler.

EXEMPLE.

S'il n'y a qu'un article dans la déclaration, il ne ſera payé que 26 ſols.

S'il y en a pluſieurs, on payera vingt-ſix ſols pour le premier, & cinq ſols pour chacun des autres, juſqu'au nombre de dix , & depuis dix en fus, deux fols fix deniers pour chaque article.

Enforte qu'une déclaration compofée de quinze articles , & faite par un particulier , devra à Meffieurs des Comptes................ o. l. 15. f.

Au Greffe de la Commiffion , pour le premier article...... 1 l. 6. f.

Pour les neuf articles jufqu'au nombre de dix................. 2. l. 5. f.

Et pour les cinq depuis dix jufqu'à quinze.   12. f. 6. d.

Total.   4. l. 18. f. 6. d.

Si elle eft fournie par une Communauté , elle devra cinq fols de plus , à caufe de la différence des droits de Meffieurs des Comptes.

Outre tous ces droits , les Notaires fe feront payer ceux qui leur font reglez pour leurs falaires , enfemble le droit de controlle de chaque déclaration.

ART. XVIII.

La recherche des Domaines ufurpez , recelez , &c. étant un des principaux objets qu'on s'eſt propoſé, en ordonnant la confection d'un nouveau Papier Terrier, les Notaires, Greffiers, leurs Clercs & autres, ſont invitez d'y travailler de leur mieux, & de donner avis à M. le Procureur Général du Roi, ou au Fermier, des découvertes qu'ils pourront faire; on aura ſoin de les récompenſer.

XIX.

On prie de même les Notaires de déclarer à M. le Procureur Général du Roi, ceux qui ont en leur ponvoir quelques titres, documens ou reconnoiſſances concernant les Domaines de Sa Majeſté.

X X. ET DERNIER.

Comme les délais fixez par l'Ordonnance générale étoient expirez, il a fallu en accorder un nouveau par la ſeconde Ordonnance du 27 Juillet 1729. ce délai eſt d'un mois, à compter du jour de la publication.

Si après ce délai on ne ſe met point en devoir de fournir les déclarations, les Notaires en donneront avis à Monſeigneur le Premier Préſident, pour qu'on puisse agir suivant la rigueur des Ordonnances.

Au surplus, s'il reste quelques difficultez aux Notaires nommez sur l'exécution des deux Ordonnances des 26 Janvier & 27 Juillet 1729. & sur le présent Mémoire instructif, ils en écriront à Monseigneur le Premier Président & Intendant.

Fait & arrêté au Greffe de la Commission le second Août mil sept cens vingt-neuf. *Signé*, LEGUAY.

Le nommé Joseph Roux, Cordonnier de la Ville de Marseille, ayant refusé de faire sa déclaration d'une boutique qu'il possédoit audit Marseille dans l'Isle dite des Sausses, il fut condamné en 500 l. d'amende ; & bien loin de payer ladite amende, & encore moins de fournir sa déclaration, il forma opposition au commandement qui lui en fut fait, on procéda à la saisie féodale de ladite boutique, & ledit Roux persistant toujours dans sa désobéissance, il fut rendu une

Ordonnance, portant qu'il fourni-
roit dans trois jours, pour tout délai, sa déclaration au Papier Terrier de Sa Majesté, qu'il joindroit
à sa déclaration le titre de sa propriété, & la quittance des droits
de lods qu'il en a dû payer, &
pour sa contravention, qu'il seroit
contraint par corps à payer l'amende de 500 liv. Enfin, sur l'opposition formée par ledit Roux à l'e-
xécution de ladite Ordonnance,
il est intervenu, le 4 Janvier 1730.
une Ordonnance diffinitive, qui
ordonne l'exécution de celle ci-
dessus, met le Fermier en possession réelle & actuelle de la boutique en question, faute de déclaration, & condamne Roux aux dépens.

Quelques contestations étant
survenues au sujet des biens prétendus être tenus en franc-aleu,
M. le Bret rendit une Ordonnan-

ce, & la Commiſſion envoya aux
Notaires le Mémoire ci-après.

ORDONNANCE DE
Monſeigneur le Premier Préſident
& Intendant, Commiſſaire député
pour la confection d'un nouveau
Papier Terrier en Provence. Du
8 Janvier 1730.

SUR la Requête à nous préſentée
par le Procureur Général du Roi
en la Commiſſion, contenant que par
les articles VII. & VIII. de notre Ordonnance générale du mois de Janvier
1729. pour la confection du Papier Terrier, Nous aurions ordonné que tous
les poſſeſſeurs des biens prétendus en
franc-aleu, & les propriétaires des directes dans les villes, territoires &
lieux où Sa Majeſté en a d'établies, ſeroient tenus de fournir des déclarations
contenant la qualité, la conſiſtance &
la ſituation deſdits biens, & de rapporter les titres de leur franc-aleu & propriétés.   Sur

Sur l'exécution de ce qui eſt porté par leſdits articles VII. & VIII. de ladite Ordonnance, on auroit prétendu que les propriétaires des héritages qui ne ſont ſoumis au payement d'aucunes cenſes ni redevances en faveur de S. M. ou en faveur de qʼelqu'autre Seigneur particulier, & que l'on préſuppoſe par cette raiſon être tenus en franc-aleu, ne devoient juſtifier de leurs titres à cet égard, que par une ſimple allégation d'un privilége général, que l'on prétend qu'ont eu de tout tems les habitans de cette Province, de poſſéder leurs biens en toute franchiſe, & dans lequel ils ont été maintenus & confirmez par nos Rois ; ce qui tendroit à détruire le titre de la directe univerſelle qui appartient à Sa Majeſté dans toute l'étendue du Comté de Provence, Forcalquier, Marſeille, Arles & terres adjacentes, & qui met ſous ſa mouvance tous les héritages ſans exception qui ſont ſituez dans cette Province, à moins que par des priviléges particuliers ils n'en ayent été affranchis ; puiſqu'encore que le feu Roi, de glorieuſe mémoire, eût ſur la repréſentation des Procureurs des Gens des trois Etats de cette Province, fait expédier

Seconde Partie.   D d

en 1660. des Lettres Patentes pour confirmer les habitans dans cette franchife & cette allodialité que l'on prétendoit leur être acquife par la difpofition des loix & des coutumes qui régiffent ce pays, Sa Majefté, fur les remontrances de fon Procureur Général, qui revendiquoit en fa faveur cette directe univerfelle, auroit enfuite, par Arrêt de fon Confeil du 22 Décembre 1668. renvoyé aux Commiffaires du Domaine établis en Provence pour la confection du Papier Terrier, la queftion de la directe univerfelle pour la décider, comme fi lefdites Lettres Patentes de 1660. ne fuffent jamais intervenues.

En conféquence il y auroit eu une inftance liée fur cette queftion entre le Procureur Général de Sa Majefté, la Communauté de Toulon & les Procureurs des Gens des trois Etats; le Procureur Général ayant établi cette directe univerfelle fur des reconnoiffances paffées aux anciens Comtes de Provence par les Etats du pays affemblez, fur les déclarations que ces mêmes Comtes avoient rendues à ce fujet, & fur des priviléges particuliers accordez aux habitans de quelques Villes de la Province, pour pouvoir posséder leurs biens en franc aleu, il seroit intervenu au mois d'Août 1687. un Jugement définitif de Messieurs les Commissaires du Domaine, qui adjuge à Sa Majesté la directe universelle dans tout le pays de Provence, les Privilégiez exceptez.

En la même année, la directe universelle fut pareillement adjugée à Sa Majesté en la ville & territoire d'Arles, par Arrêt contradictoire du Conseil du 24 Octobre 1687.

Et ensuite de ces Jugemens, les Procureurs des Gens des trois Etats de cette Province & les Consuls d'Arles indemniserent le Fermier pour les droits qui pouvoient lui revenir de ladite directe, & supplierent Sa Majesté de vouloir bien éteindre & supprimer par un abonnement général, au moyen d'une somme fixe, qui seroit payée annuellement à son Fermier, les revenus & produits de ladite directe universelle ; ce que Sa Majesté voulut bien accepter par deux différens Arrêts du Conseil de l'année 1691. par lesquels Sa Majesté reçut aussi l'abonnement de différens autres droits y mentionnez.

Sur le fondement de ces abonnemens,

ceux qui possedent des héritages qui ne
sont soumis au payement d'aucune censive, soit envers Sa Majesté, soit envers
des Seigneurs particuliers qui n'ont pas
la directe universelle dans l'étendue de
leurs fiefs, ne peuvent être recherchez
pour le payement des lods, attendu
qu'ils se trouvent annuellement acquit-
tez par le prix des abonnemens ; mais ils
ne peuvent être dispensez de reconnoître ces mêmes biens sur la mouvance de
Sa Majesté, parce que les reconnoissances doivent servir de titres à Sa Majesté
& à ses successeurs Rois, pour justifier
de la directe universelle.

Et si d'un côté il est nécessaire, pour
l'intérêt de Sa Majesté & la conservation
de ses droits, de restreindre le franc-
aleu en faveur des habitans seulement
qui justifieront par des titres particuliers
avoir droit de jouir, il n'est pas moins
juste ni moins nécessaire pour l'intérêt de
ces mêmes habitans, de fixer aussi les
obligations ausquelles ils se trouveront
soumis, par rapport aux déclarations
qu'ils doivent fournir en exécution de
notredite Ordonnance.

Et parce que les loix qui établissent
la nature & la qualité des fiefs, & qui

obligent ceux qui possedent réellement
des biens en franc-aleu dans l'étendue
des fiefs, à fournir au Seigneur qui fait
son terrier, des déclarations par description, consistance & confronts de leurs
biens, ne les soumettent cependant à
aucuns frais pour lesdites déclarations,
attendu qu'ils les fournissent principalement pour la conservation des directes
du Seigneur du fief, le feu Roi rendit
un Arrêt en 1668. qui exemptoit de tous
droits ceux qui seroient obligez de fournir pareilles déclarations : Et sur le même fondement, M. Morant, Intendant
de cette Province, & Commissaire député pour la confection du Papier Terrier, auroit rendu son Ordonnance le
19 Février 1683. qui fut ensuite confirmée par Arrêt du Conseil du 18 Avril
1684. portant que ceux qui possede-
roient leurs biens en franc-aleu, en fourniroient des déclarations pardevant les
Greffiers des Communautez, dans l'é-
tendue du territoire desquelles ces biens
se trouveroient situez, sans payer aucuns frais audit Greffier, auquel toutefois il seroit payé par le Corps de la
Communauté 2 sols 6 deniers par page.
Et par une seconde Ordonnance ren-

Dd iij

due au mois de Juin 1684. il fut ordonné que les possesseurs & propriétaires des directes particulieres, dans l'étendue des lieux & territoires où Sa Majesté en a d'établies, fourniroient des dénombremens en bonne forme de leurs prétendues directes, & qu'ils seroient tenus de les remettre & de les affirmer véritables pardevant les Notaires nommez pour le Papier Terrier, qui leur en donneroient acte sans frais.

Mais depuis que la directe universelle a été adjugée à sa Majesté dans toute l'étendue de cette Province, par le Jugement contradictoire du 5 Août 1687. les possesseurs des directes particulieres sont non-seulement tenus de fournir en bonne forme les dénombremens ordonnez par M. Morant, mais encore de rapporter à leurs frais au Greffe de la Commission ledit dénombrement, l'expédition de l'acte qui leur en auroit été donné par les Notaires, & tous leurs titres de propriétés & de possessions.

D'ailleurs, il est encore venu à la connoissance dudit Procureur Général, que plusieurs Communautez & Particuliers formoient & prétendoient former des oppositions à l'exécution de nos Or-

donnances ; & comme il feroit difficile
& difpendieux de faire vuider ces for-
tes d'oppofitions , parce que ceux qui
les forment ne conftituent point de Procureur dans cette Ville , il paroît néceffaire, pour accélerer la confection du
Papier Terrier, de les obliger à établir
domicile & Procureur en cette Ville ,
par rapport aux procédures qu'il conviendra de faire , conformément à ce
qui s'eft pratiqué dans le dernier Papier
Terrier.

Sur toutes lefquelles repréfentations
& confidérations mentionnées , & plus
au long alléguées & rappellées dans la
fufdite Requête , ledit Procureur Général requeroit d'y pourvoir par une nouvelle Ordonnance , fuivant les conclufions par lui prifes.

Vû ladite Requête fignée par Me. de
Tournefort, Avocat Général en la Cour
des Comptes , Aydes & Finances de
Provence , Procureur Général du Roi
en la Commiffion , les Lettres Patentes
en forme de Déclaration du mois de
Mars de l'année 1660. portant confir-
mation du franc-aleu en Provence ;
l'Arrêt du Confeil du 24 Octobre 1687.
qui adjuge à Sa Majefté la directe uni-

verselle sur la ville & territoire d'Arles ;
le Jugement contradictoire rendu par
les Commissaires du Domaine le 5 Août
de la même année 1687. qui déclare pareillement la directe universelle appartenir à Sa Majesté dans toute l'étendue
du pays de Provence & terres adjacentes, les Privilégiez exceptez ; les Arrêts du Conseil des 19 Juin & 11 Décembre 1691. qui acceptent les abonnemens offerts par les Procureurs du pays
& les Consuls d'Arles, pour raison de
ladite directe universelle ; autres Arrêts
du Conseil des 26 Mars 1668. & 18.
Avril 1684. & les Ordonnances des
Commissaires du Domaine, des 19 Février 1683. & 18 Juillet 1684. Ouï le
Rapport de Mᵉ. Antoine Laugier, Chevalier de l'Ordre du Roi, notre Subdélégué Général : Tout consideré : Nous,
Premier Président, Intendant & Commissaire susdit, ordonnons.

ARTICLE PREMIER.

Que tous les possesseurs des biens &
héritages qui ne sont soumis à aucunes
censes, ni envers le Roi, ni envers aucun autre Seigneur particulier, en quel-

que endroit de la Province, qu'ils foient
fituez, excepté dans les lieux où la directe univerfelle appartient aux Seigneurs des fiefs, feront tenus de les reconnoître fous la mouvance & directe
médiate de Sa Majefté, & d'en paffer
leurs reconnoiffances à leurs frais & dépens, pardevant les Notaires nommez
pour la confection du Papier Terrier,
encore qu'ils les euffent ci-devant déclarez être en franc-aleu, à moins qu'ils
ne juftifient d'une faculté de les pofféder comme tels, en vertu de quelques
priviléges particuliers accordez à eux ou
à leurs auteurs, ou en général aux Communautez dans l'étendue du territoire
defquelles les biens fe trouveront fituez.

I I.

Que fous prétexte des déclarations
ainfi fournies, lefdits poffeffeurs & propriétaires ne pourront être recherchez
en façon quelconque par le Fermier,
pour raifon des droits de lods qui pourroient être dûs à caufe des mutations
defdits héritages arrivées depuis trente
années, & qui pourroient arriver dans
les fuites, attendu que lefdits droits de
lods font compris dans les abonnemens
portez par les Arrêts du Confeil des 19

Juin & 11 Décembre 1691. mais feulement qu'ils pourront être recherchez pour les cenfives & redevances, dans les cas où le Fermier en juftifiera, & fauf à en établir pour l'avenir fur les biens qui y feront fujets, conformément aux Lettres Patentes portant notre commiffion du 26 Août 1727.

III.

Que ceux qui juftifieront d'un privilége particulier accordé à eux ou à leurs auteurs, ou aux Communautez, dans l'étendue des territoires où leurs biens font fituez pour les pofféder en franc-aleu, fourniront pareillement leurs déclarations, conformément à l'art. VII. de notre Ordonnance générale du mois de Janvier 1729. Sçavoir;

Ceux qui auront des priviléges particuliers accordez à eux ou à leurs auteurs, pardevant les Notaires nommez, en leur payant feulement les frais de l'acte & des expéditions reglées par notre Ordonnance du 27 Juillet 1729.

Et ceux qui ont leurs biens fituez dans l'étendue des territoires des Villes, lieux & Communautez qui ont des priviléges généraux & communs pour le

franc-aleu, pardevant les Greffiers defdites Communautez, aufquels, conformément à l'Arrêt du Confeil du 18
Avril 1684. il fera payé par les Communautez deux fols fix deniers par page ;
& à cet effet enjoignons aux Confuls de
ces Communautez de tenir la main à ce
que lefdites déclarations foient exactement fournies, & qu'elles foient toutes
renfermées dans un cahier qu'ils feront
remettre au Greffe de la Commiffion
fans frais, en obfervant de difpofer les
articles de proche en proche, fuivant la
fituation des biens.

IV.

Que les propriétaires & poffeffeurs
des directes particulieres dans les villes
& territoires où Sa Majefté en a d'établies, feront tenus de fournir un dénombrement en bonne forme, contenant en détail la confiftance, le nombre, les confronts & les fituations defdites directes, & d'en rapporter les titres de propriété, lefquels dénombremens ils affirmeront véritables pardevant
les Notaires nommez qui leur en donneront acte, fans autres frais que ceux dudit acte, & des expéditions qui leur en
feront délivrées, lefquelles feront join-

tes à leurs dénombremens, & par eux
envoyées avec leurs titres au Greffe de
la Commission.

V.

Enjoignons à tous ceux qui formeront
opposition sur la notification qui leur
sera faite de quelqu'une de nos Ordonnances, ou ensuite des procédures qui
seront faites contr'eux, de constituer un
Procureur en cette Ville, par l'acte ou
la réponse contenant leur opposition ;
faute de quoi il sera passé outre aux exécutions, comme s'il n'étoit survenu aucune opposition.

VI.

Ordonnons au surplus que nos Ordonnances des 26 Janvier & 27 Juillet
1729. seront exécutées selon leur forme
& teneur ; & qu'à la requête du Procureur Général du Roi, poursuite & diligence du Fermier, la présente Ordonnance sera lûe, publiée & affichée partout où besoin sera, & que copie collationnée par le Greffier de la Commission, en sera envoyée à tous les Consuls
des Communautez, pour en faire lecture
dans un Conseil assemblé à cet effet ; de
quoi lesdits Consuls certifieront ledit
Procureur Général du Roi dans le mois.

FAIT à Aix le 8 Janvier 1730. *Signé*,
LEBRET. Collationné. *Signé*, LE-
GUAY, Greffier de la Commission.

SECOND MEMOIRE INSTRUCTIF,

aux Notaires Royaux nommez pour la confection du Papier Terrier de Sa Majesté en Provence, & qui doit servir aussi aux Consuls & Greffiers des Villes & Communautez de la Province, pour l'exécution de la nouvelle Ordonnance de Monseigneur le Premier Président & Intendant, du 8 Janvier 1730.

Du 12 Janvier 1730.

L'ORDONNANCE du 8 Janvier 1730. renferme trois articles importans au service du Roi & à l'intérêt du public.

Le premier a pour objet la conservation de la Directe universelle en faveur de Sa Majesté.

Le second & le troisième tendent à la conservation des priviléges communs & particuliers en faveur des Communautés ou des Particuliers qui en doivent légitimement jouïr.

Pour une plus grande intelligence de

cette Ordonnance, on en va fuivre les difpofitions article par article.

ARTICLE PREMIER.

Tous ceux qui auront ci-devant déclaré leurs biens en Franc-Aleu, & qui ne juftifieront point d'un privilége particulier ou commun pour les pouvoir poffeder comme tels, en quelque endroit de la Province qu'ils foient fitués, excepté dans les lieux où la Directe univerfelle appartient aux Seigneurs des Fiefs, font obligés de les reconnoître fous la mouvance & directe médiate de Sa Majefté pardevant les Notaires nommés pour la confection du Papier Terrier, & de payer tous les frais réglés par l'ordonnance du 27 Juillet 1729.

Modéle des Déclarations à fournir par les dénommez au premier article.

Pardevant les Notaires Royaux nommés pour la confection du Papier Terrier de Sa Majefté établis à . . . . eft comparu un tel, &c. lequel, pour fatisfaire à l'Ordonnance de Monfeigneur le Premier Préfident, Intendant & Commiffaire député en cette partie, du 8 Janvier 1730, publiée & affichée par tout où besoin a été, a reconnu & déclaré pour lui, ses hoirs & ayant cause à l'avenir, tenir & posseder en la mouvance & directe médiate de Sa Majesté, ensuite de l'Arrêt du Conseil du 24 Octobre 1687, & du Jugement des Commissaires du Domaine du 5 Août de la même année ; les maisons, biens & héritages ci-après détaillés ;

SÇAVOIR.

Premièrement, une Maison, &c.

Plus, une autre Maison, &c.

Plus une Terre & Vigne, &c.

Lesquels biens & héritages ledit tel possede comme héritier d'un tel ou d'une telle ses pere & mere, ayeul ou ayeule, oncle, cousin, &c. qui les tenoient de , &c.

Ou qu'il possede par l'acquisition, l'échange, la transaction, le partage, la donation, collocation, option, ou tous autres actes translatifs qu'il faut raporter & joindre ici, & avoient été ci-devant reconnus être possedés en franc-aleu par un tel & un tel, sous prétexte qu'ils n'étoient chargés d'aucune cense ni redevan-

Pour bien détailler ici la consistance, contenance, la situation & les confronts de chaque nature de biens, il faudra avoir recours au formulaire de déclaration sur le troisiéme article du Mémoire instructif du 2 Août 1729.

ce envers Sa Majesté, ni envers aucun autre Seigneur particulier.

Laquelle présente déclaration & reconnoissance ledit tel a affirmé véritable sur la lecture que nous lui en avons faite, & déclaré y persister, le tout sur les peines de droit, fait & passé à.....l'an mil sept cent.....& le......

Observation sur ceux qui auront des biens, partie en franc-aleu, & partie au cas du premier article.

Si quelque Propriétaire Possede aussi des biens de l'espece contenue en ce premier article, & qu'il raporte en mémetems un privilége particulier pour en posseder d'autres en franc-aleu, tous les biens seront compris dans la même déclaration, en commençant par ceux qui sont déclarés par ledit article être de la mouvance & directe médiate de Sa Majesté.

Mais en ce cas les articles qu'il justifiera être en franc-aleu, ne seront point sujets aux droits des Officiers de la Commission, & les frais de la déclaration ne seront augmentés que des droits des Notaires, par rapport au plus grand nombre de pages dont la déclaration sera composée, & des droits de Controlle, si les articles des biens déclarés en franc-Aleu joints aux autres articles des biens

déclarés

déclarés sous la mouvance du Roi, excedent le nombre de dix articles.

II.

Cet article ne concernant que le Fermier, il semble inutile d'en parler ici ; cependant les Notaires auront soin de bien recommander aux Parties de déclarer les cens dont leurs biens peuvent être chargés , & les termes des payemens, pour éviter les blâmes de leurs déclarations , & les frais qui s'en enfuivroient,.

Défenses au Fermier de faire aucunes recherches pour raifon des droits de lods.

III.

Cet article comprend deux especes de poffedans biens en franc-aleu.

Les premiers font ceux qui ont la faculté de poffeder quelques biens en franc-aleu , en vertu de quelques priviléges particuliers accordés à eux ou à leurs auteurs.

Les feconds font ceux qui poffedent leurs biens dans les territoires des Villes & Communautés qui ont obtenu des priviléges communs & généraux de poffeder en franc-aleu.

Les déclarations que doivent fournir ceux de la premiere efpece doivent être reçûes & paffées par les Notaires Royaux nommés pour la confection du Papier Terrier , & ces déclarations font exem-

Seconde Partie.   E e

ptes des Droits de Messieurs de la Cour
des Comptes , & des Officiers de la
Commission , & ne sont sujettes qu'à
ceux des Notaires réglés par l'Ordonnance du 27 Juillet 1729. & aux Droits
de Controlle.

Ceux de la seconde espece sont seulement obligés de faire leurs déclarations
pardevant les Greffiers des Communautés qui ont lesdits priviléges communs
& généraux , sans payer aucuns frais ,
parce qu'à leur égard les Communautés
sont chargées elles-mêmes de fournir lesdits frais , qui ne consistent qu'à deux sols
six deniers par page , & au controlle de
chacune desdites déclarations.

*Modéle des déclarations à fournir par
ceux qui possedent en vertu d'un
privilége particulier.*

Pardevant les Notaires Royaux , &c.
est comparu un tel , lequel pour satisfaire à l'article III. de l'Ordonnance de
Monseigneur le Premier Président &
Intendant , du 8 Janvier 1730 , a déclaré pour lui & les siens à l'avenir tenir
& posseder allodialement en franc-aleu

& toute franchife, en vertu du privilége accordé par.....

privilége, dire le nom de celui auquel il a été accordé, & pour quelle caufe, en rapporter la date & celle des enregiftremens qui en ont dû être faites aux Cours de Provence, & bien examiner fi la franchife eft applicable fur le bien qui fera déclaré.

Tels & tels biens fitués en tel endroit de la contenance de....&c. confrontant, &c.

Declarant ledit tel qu'il n'a jamais reconnu ni payé aucuns lods ni cenfive à aucuns Seigneurs directs, &c. fuivre le modéle fur le feptiéme article du Mémoire inftructif du 2 Août 1729.

Les déclarations ainfi fournies par les poffeffeurs en franc-aleu, en vertu de quelques titres particuliers, il en fera gardé minute par les Notaires qui en expédieront deux expéditions aux Parties, pour être envoyées au Greffe de la Commiffion, avec les titres, fans autres frais, comme on l'a déja dit, que ceux defdits Notaires, & du Droit de Controlle.

Pour remplir l'obligation de ceux de la feconde efpece, les Confuls des Villes & lieux qui ont des priviléges généraux & communs de franc-aleu, doivent déli-

Il faut ici expliquer tout au long qui eft le Prince qui a accordé le privilége.

Bien expliquer la fituation, la contenance & les confronts.

Pour finir la déclaration, il faut avoir recours au formulaire dreffé fur le feptiéme article du préfent Mémoire inftructif.

E e ij

vrer à leurs Greffiers ou Secretaires des Hôtels-de-ville, un ou plusieurs cahiers de moyen papier timbré à deux sols la feuille, intitulé en ces termes:

Premier, second, &c. Cahier cotté & paraphé par nous Consuls de la Ville, &c. contenant tant de feuillets, délivré à un tel Greffier de l'Hôtel commun de ladite Ville, pour y recevoir les déclarations des propriétaires des maisons, biens & héritages situés en cette Ville & dans le territoire d'icelle, lesquels ont droit de les posseder en Franc-Aleu & toute franchise, en conséquence des priviléges communs & généraux accordés à la Communauté par....

Expliquer en cet endroit la nature & la date des priviléges comme ci-devant.

Le tout pour satisfaire à l'Ordonnance de Monseigneur le Premier Président & Intendant, du 8 Janvier dernier, qui a été lûe au Conseil general assemblé à cet effet, & affichée par tout où besoin a été. Fait à.... le.... 1730.

L'Ordonnance du 8 Janvier 1730, devant être lûe dans un Conseil assemblé expressément, publiée & affichée dans tous les lieux accoutumés, sera censée publique dans les Villes & lieux en

queſtion ; mais ce n'eſt pas aſſez , il faut
encore que les Conſuls tiennent la main
à ce que tous leurs Habitans ſe préſen-
tent inceſſamment par ordre des quartiers de la Ville & du terroir devant
leurs Greffiers , pour y fournir & ſigner
leurs déclarations chacun en droit ſoi ;
& leſdits Greffiers obſerveront de prendre leſdites déclarations , & d'en diſpo-
ſer les articles de proche en proche , ſuivant la ſituation des biens.

Modéle deſdites déclarations.

L'an mil ſept cens.....& le.....un
tel eſt comparu pardevant moi Greffier
de l'Hôtel-de-ville de..... &c. lequel
a déclaré pour lui & les ſiens tenir en
franc-aleu & toute franchiſe , telle maiſon
ſituée en cette Ville , quartier de.....
&c. rue..... &c. conſiſtant..... &c.
confrontant..... &c.

Plus, une Terre, Vigne & Oliviers
dans le terroir de cette Ville , quartier
de.....&c. conſiſtant, &c. confrontant,
&c.

Plus , &c.

Leſquels biens il a acquis de..... &c.
ou lui ſont parvenus par la ſucceſſion

de.....&c. qui les poffedoient allodialement & en toute franchife, n'ayant
jamais reconnu aucun Seigneur direct,
ni payé aucuns lods ni cenfive à qui que
ce foit ; ce que ledit tel entend continuer
& les fiens à l'avenir, affirmant que fa
préfente déclaration contient vérité, &
qu'il y perfifte. Fait en l'Hôtel-de-ville
de.....&c. en préfence de tels & tels
témoins qui ont figné avec nous & ledit
tel, dont acte.

Les Greffiers des Hôtels-de-ville ne
laifferont aucun blanc dans lefdits cahiers
que pour la diftance qui fera néceffaire
pour leurs fignatures à chaque déclaration, celles des témoins & celle de la
partie ; & ils auront attention que ces
cahiers foient femblables aux mains courantes des Notaires, & d'y mettre à la
marge le nom & furnom de celui qui
déclarera, en plus gros caractere que le
corps de l'écriture, pour faciliter les vérifications qui pourront être faites defdites déclarations.

Les Greffiers feront controller lefdites
déclarations à fur & à mefure qu'ils les
recevront, ou au moins dans les quinze
jours de leurs dates, & les Commis au

Controlle porteront leurs relations à la marge, entre les noms & surnoms des déclarans.

Les Droits de Controlle, ensemble le coût desdites déclarations réglés à deux sols six deniers par page, seront payés par lesdits Consuls ausdits Greffiers aussi-tôt les quinze jours.

Lorsque les déclarations auront été ainsi fournies par tous les possedans biens & héritages sans exception ; les Consuls retireront les cahiers de leurs Greffiers, & les feront remettre en originaux au Greffe de la Commission sans frais.

IV.

Cet article comprend tous les Propriétaires des directes particulieres, dans les Villes & lieux où Sa Majesté en a d'établies, ce qui est, comme on l'a déja remarqué, un autre espece de franc-aleu dont on ne peut jouïr qu'en vertu de priviléges généraux ou particuliers.

Ces Propriétaires ne sont assujettis qu'à fournir un dénombrement en bonne forme, contenant en détail la consistance, le nombre, les confronts & les situations desdites directes.

Pour que ces dénombremens soient en bonne forme, il faut qu'ils soient sur papier timbré, & certifiés véritables par lesdits Propriétaires, leurs Économes, ou autres personnes fondées de procurations, & controllés, moyennant quarante sols, & les quatre sols pour livre, conformément à l'article VI. du Tarif du 29 Septembre 1722.

Après quoi lesdits Propriétaires représenteront lesdits dénombremens aux Notaires nommés pour le Papier Terrier, & les affirmeront véritables, dont les Notaires leur donneront acte en la forme ci-après.

Pardevant les Notaires Royaux, &c. est comparu, &c. lequel pour satisfaire à l'article IV. de l'Ordonnance de Monseigneur le Premier Président & Intendant, du 8 Janvier 1730, nous a représenté le dénombrement des Directes particulieres qu'il a & possede dans la Ville & terroir de, &c. contenant tant de feuillets & tant d'articles, signé & certifié de lui, qu'il a affirmé véritable pardevant nous, & déclaré vouloir se maintenir lui & ses successeurs dans la propriété de toutes lesdites directes en vertu des titres qu'il représentera au Greffe de la Commission, dont & de quoi nous

Notaire

Notaire fufdit , lui avons donné acte.
Fait & paffé à .... &c. l'an mil fept cent
trente....& le , &c. & s'eft ledit tel
fouffigné avec nous. La minute eft reftée
à moi tel, Notaire.

Cet Acte ainfi paffé fera controllé
comme Acte fimple , les Notaires en délivreront deux expéditions aux Parties ,
pour être jointes aux dénombremens &
aux titres , & être le tout par eux remis
au Greffe de la Commiffion , fans autres
frais que ceux du Controlle & des falaires des Notaires pour l'Acte ci-deffus,
réglés par l'Ordonnance du 27 Juillet
1729 , tant pour la minute que pour les
expéditions.

Les Notaires auront foin de ne point
inventorier les minutes de déclarations
qu'ils recevront pour le franc-aleu en
conféquence de l'article III. du préfent
Mémoire , non plus que les Actes qu'ils
donneront aux Propriétaires des directes,
fuivant l'article IV. avec les autres reconnoiffances concernant le Papier Terrier ; mais ils auront attention de faire
un Inventaire particulier des déclarations
qui feront fournies en conféquence des
fix premiers articles de l'Ordonnance

générale du 26 Janvier 1729.

Un second Inventaire des déclarations qui seront fournies en conséquence de l'article premier de la présente Ordonnance du 8 Janvier 1730, c'est-à-dire, des biens qui ne doivent point de censes, & qui avoient été ci-devant déclarés en franc-aleu.

Un troisiéme Inventaire des déclarations des biens en franc-aleu en vertu des priviléges particuliers, suivant l'article II. de ladite présente Ordonnance.

Et un quatriéme Inventaire des Actes qu'ils auront donné aux Propriétaires des directes particulieres sur les dénombremens par eux fournis.

Au surplus les Notaires auront aussi attention de ranger leurs minutes dans le même ordre pour éviter la confusion qu'il y auroit lorsqu'ils les remettront au Greffe de la Commission.

Fait & arrêté au Greffe de la Commission le 12 Janvier 1730.

Signé, LEGUAY.

Les Procureurs du pays de Provence s'opposerent à l'exécution de l'Ordonnance du 8 Janvier

1730. en ce qui regardoit le franc-
aleu ; & comme ils avoient obtenu par Jugement du sieur le Bret
du 20 Avril 1731. un délai de six
mois pour représenter leurs titres,
ils présenterent une Requête au
Conseil, contenant, que quoique
les habitans de cette Province,
qui est régie par le Droit Ecrit,
ayent toujours joui de leurs biens
en franc-aleu, parce qu'ils sont
présumés francs & allodiaux jusqu'à ce que la preuve contraire en
soit rapportée, à la différence de
plusieurs Provinces qui sont régies
par le Droit Coutumier, dans lesquelles la maxime, *Nulle Terre
sans Seigneurie*, a lieu ; néanmoins
les Fermiers du Domaine, qui
n'ont pas pû donner atteinte aux
titres respectables par lesquels la
Provence a été confirmée dans le
droit de franc-aleu de nature, ont
fait dans différens tems tous leurs
efforts pour y établir la directe uni-

verfelle en faveur de Sa Majefté.
Qu'ils furprirent le 5 Août 1687.
un Jugement des Sieurs Commiffaires du Domaine, qui adjugeoit
à S. M. la directe univerfelle en
Provence ; enforte que les Supplians furent obligés d'en interjetter appel ; fur quoi il intervint, le
19 Juin 1691. un Arrêt, par lequel S. M. en confirmant les habitans de Provence dans le franc-
aleu & dans l'exemption de la directe univerfelle, S. M. s'y réfer-
va l'ufage du droit de prélation &
de retrait féodal, qui eft une dé-
pendance de la directe univerfelle.
Que les prédéceffeurs des Supplians formerent oppofition à l'e-
xécution de cet Arrêt : mais que
l'appel du Jugement des Commiffaires de 1687. & l'oppofition à
l'Arrêt de 1691. font demeurés
fans pourfuites, parce que les habitans ont joui fans trouble & du
franc-aleu de nature & de l'exemp-

tion de la directe univerſelle. Que
les Lettres Patentes du 26 Août
1727. qui ont ordonné la confection d'un Papier Terrier en Provence , & qui ont nommé pour
Commiſſaire le ſieur le Bret , Intendant de cette Province , ont
ſervi de prétexte à de nouveaux
troubles de la part des Fermiers
du Domaine , car ils ont ſurpris
deux Ordonnances de ce Magiſtrat
les 26 Janvier 1729. & 8 Janvier
1730. données en forme de Reglement pour la confection du Papier
Terrier , auſquelles les Supplians
ont été obligés de former oppoſition , parce que ſi ces deux Ordonnances ſubſiſtoient , les habitans de Provence en ſouffriroient
un préjudice très - conſidérable.
Qu'en effet il eſt porté par l'article
VII. de la premiere de ces Ordonnances , que les propriétaires
des biens poſſédés en franc-aleu ,
noble ou roturier , en paſſeront

Ff iij

leurs déclarations ou reconnoiffances, contenant la quantité,
qualité & fituation de leurs biens,
& en rapporteront les titres pour
juftifier le franc-aleu ; & il eft ordonné par l'art. VIII. de la même
Ordonnance, que les poffeffeurs
des directes particulieres feront tenus d'en faire leur déclaration, &
d'en rapporter les titres ; il eft ordonné par l'article premier du fe-
cond Jugement du 8 Janvier 1730.
que les poffeffeurs des biens en
franc-aleu feront tenus de les reconnoître fous la mouvance &
directe de Sa Majefté, & d'en paffer la reconnoiffance à leurs frais
& dépens pardevant Notaires, à
l'exception de ceux qui juftifieront
des titres de franc-aleu accordés à
eux ou à leurs auteurs. Comme
ces Ordonnances ont été rendues
fans que les Supplians ayent été
entendus ni appellés, ils y ont
formé oppofition devant ledit fieur

Intendant : mais par le Jugement qu'il a rendu le 20 Avril 1731. il a ordonné que les Supplians feroient juger dans six mois l'appel par eux interjetté du Jugement des Sieurs Commiſſaires du Domaine du 5 Août 1687. & leur oppoſition à l'Arrêt du Conſeil du 19 Juin 1691. pendant lequel délai il feroit furſis à l'exécution de ces deux Ordonnances dans les articles concernant le franc-aleu & la directe générale. Que quelques diligences que les Supplians ayent fait pour exécuter ce dernier Jugement, ils n'ont pas pu encore découvrir où étoient les piéces de l'inſtance à laquelle l'appel interjetté & l'oppoſition formée par leurs prédéceſſeurs ont donné lieu, ni recouvrer les piéces qui leur font néceſſaires pour la faire juger ; & comme ils ont lieu d'appréhender les pourſuites que les Fermiers du Domaine ne manqueront pas

de faire contre les habitans du
pays de Provence, après l'expiration du délai de six mois porté par
le Jugement dudit sieur le Bret du
20 Avril 1731. ils sont obligés de
recourir à Sa Majesté, pour obtenir un nouveau délai pour satisfaire à ce Jugement ; ce qui est d'autant plus juste, que l'affaire dont
il s'agit est de la derniere importance pour la Provence, dans laquelle les Fermiers du Domaine
veulent détruire le franc-aleu dont
elle a toujours joui, & y établir
la directe universelle en faveur de
Sa Majesté, dont ce pays a toujours été exempt ; il y a d'ailleurs
plus de quarante années que l'in-
stance que les Supplians sont obligés aujourd'hui de faire juger, est
demeurée sans poursuites, & il
faut un tems considérable aux Supplians pour recouvrer les titres
dont ils ont besoin, parce que
ceux de leurs prédécesseurs qui

ont introduit cette inftance & qui ont commencé à l'inftruire, font décédés ; pour quoi requeroient qu'il plût à Sa Majefté leur accorder au moins un nouveau délai d'une année, pour faire juger l'appel interjetté par leurs prédéceffeurs , du Jugement des Sieurs Commiffaires du Domaine du 5 Août 1687. & l'oppofition auffi formée par leurs prédéceffeurs à l'Arrêt du Confeil du 19 Juin 1691. pendant lequel tems il fera furfis aux Ordonnances rendues par le fieur le Bret les 26 Janvier 1729. & 8 Janvier 1730. par rapport aux articles qui concernent le franc-aleu & la directe univerfelle. Sa Majefté , fans s'arrêter à leur Requête , ordonna qu'il feroit paffé outre à l'exécution des Ordonnances rendues par le fieur le Bret les 26 Janvier & 27 Juillet 1729. & 8 Janvier 1730. & qu'elles feroient exécutées felon leur forme & teneur.

Un Avocat de Provence se chargea de la défense du franc-aleu, prétendu par les Habitans de cette Province; il fit à ce sujet un Mémoire dont on donna l'extrait dans le Mercure d'Août 1732. Le sieur Jourdain de Rocheplatte, en réponse à ce Mémoire, adressa celui ci-après à M. le Controlleur Général.

MEMOIRE,

A Monseigneur le Controlleur Général.

MONSEIGNEUR,

L'Extrait de la défense du franc-aleu de Provence inseré dans le Mercure du mois d'Août dernier qui ne vient que de me tomber sous la main, fait naître des réflexions desquelles j'estime rendre compte à VOTRE GRANDEUR.

Je m'étois persuadé, MONSEIGNEUR, que l'homme habile qui extrait, devoit se renfermer dans le plan, la distribution, l'exposition & le précis d'un ouvrage. Je ne croyois pas qu'il en dût être ni le Juge, ni le Panégyriste, non pas que je ne convienne avec plaisir des rares talens, de la capacité & du mérite connu de l'Avocat Auteur de cette Défense.

Si cependant il falloit juger de ses talens sur cet ouvrage, on seroit forcé d'avouer qu'il n'est dans cette matiere ni Historien, ni Jurisconsulte, ni Domaniste ; qu'il n'a aucune teinture des grandes maximes du droit public de la France, qu'il n'est pas même exact ni scrupuleux dans les faits, ni dans l'application de tant d'Edits, de Déclarations, de Lettres Patentes & Arrêts du Conseil accordés aux nécessités & aux sollicitations de la Province, & dont il fait un usage forcé, & tout contraire aux intérêts de la cause.

Toutes ces Parties semblent cependant très nécessaires à qui entreprend d'écrire & de plaider contre le Roi, de détruire

le Droit le plus respectable de sa Souveraineté, & de revenir contre les choses
jugées.

En effet, le morceau d'Histoire que
l'on cite comme curieux, est dénué des
points les plus essentiels qui peuvent servir à l'Histoire de nos Rois, & à celles
des différentes dominations sous lesquelles les Provençaux ont vécu.

1°. On jette un voile, & on passe
legerement sur le long espace de tems
que la Provence a legitimement appartenu à la France depuis Clovis jusqu'en
879.

2°. On donne à cette époque, & à
la plus monstrueuse domination, un
titre légitime & celui de Roi d'Arles
& de Bourgone à Boson, ce perfide
Prince qui fit mourir par le poison en
877. Charles le Chauve son beau-frere,
Empereur & Roi de France, pour, de
simple Gouverneur & de Comte amo-
vible qu'il étoit, se faire déclarer
Roi; ce qu'il n'osa entreprendre aussi-
tôt après le décès de Charles le Chauve,
ni sous le regne de Louis le Begue son
fils, & ce dont il vint aisément à bout
sous le regne de Louis & de Carloman,
par l'entremise d'un Archevêque de

Lyon, qui le couronna Roi d'Arles &
de Bourgogne le 15 Octobre 879. à une
assemblée de six Archevêques & de dix-
sept Evêques, tenue à Mentale Château
de plaisance en Dauphiné.

Ambition satisfaite, mais honneur
dont il jouit peu tranquilement, puis-
qu'il fut attaqué, repoussé, transfuge &
caché pendant presque tout son regne ;
& que par une suite de punition, son
fils qui voulut usurper l'empire d'Italie,
ayant été défait & pris prisonnier, eut,
par ordre de Berenger Empereur, les
yeux crévés,& fut renvoyé dans ses Etats,
où il traîna une vie languissante, & mou-
rut sans posterité, ce qui opera une seconde usurpation de la Provence.

C'est de cette époque de Boson,
Monseigneur, d'où l'Auteur tant
admiré par l'Extrait, prétend tirer des
inductions contre le Roi, des différens
Usages & des différentes Loix, sous
lesquelles les Provençaux ont vécu pendant quelques siécles. Quand il est certain, suivant tous les Jurisconsultes,
qu'un usurpateur ni ses successeurs ne
peuvent changer les Loix dominantes
d'un Etat, ou pour mieux dire, que
les Loix qu'ils imposent n'obligent ja-

mais, ni le Monarque qui rentre dans sa possession, ni les Peuples qui sortent de l'esclavage & de la tyrannie.

Quand les Loix imposées à la Nation par les usurpateurs, seroient directement contraires à cette directe universelle, contestée & adjugée au Roy (ce qui n'est pas) on ne pourroit tirer avantage contre Sa Majesté de toutes celles sous lesquelles Elle a successivement vécu depuis 879. jusqu'en 1481.

La Provence a pendant ce tems continuellement changé de Souverains : elle a été gouvernée par les prétendus Rois d'Arles, par ceux de Bourgogne, par les Empereurs, par les Rois d'Arragon, Marquis & Comtes de Provence.

Dans ce tems l'ambition parut être un crime nécessaire & à la mode ; dans la partie de la Provence, nombre de simples Gouverneurs s'arrogerent le titre de souverains, & se firent, à l'imitation de Boson, propriétaires de leurs Gouvernemens ; car cette Province fut pendant quelque tems un Prothée qui changeoit journellement de figure, de corps, de titre & de domination.

De là les Comtes de Provence, de Forcalquier, les Princes du Venaissin &

d'Orange, les Vicomtes de Marseille, un Prince du Dauphiné, un Comte de Maurienne, un Comte, un Duc de Savoye, des Comtes de Grignan, de Saulx, & les Barons des Baux; de là aussi la perte d'Avignon & de ses dépendances.

Les Ecclesiastiques ne furent pas exempts de cet orgueil; cette soif de regner les saisit, & cette malheureuse ambition ne les épargna pas. L'Archevêque d'Arles devint Souverain à l'ombre d'une cession des Empereurs; cette Souveraineté fut contrebalancée par les Podestats, & peu de tems après ces phantômes s'évanouirent, les Comtes de Provence ruinerent l'une & l'autre autorité.

Tels ont été les Princes qui depuis l'usurpation de Boson ont donné des Loix à la Provence (chacun suivant son intérêt) jusqu'au moment qu'elle est rentrée sous la domination de son Maître légitime; instant d'autant plus heureux, que la réunion s'en est faite sans effusion de sang; moment qui fit cesser l'assujettissement à toutes les Loix tyranniques, qui rendit aux Peuples le Souverain que l'usurpation, que l'injustice leur avoit

ravi, & qui les rend aussi participans &
soumis aux Loix & aux Usages reçûs &
établis en France.

Ce sont ces origines & les Titres de
ces différentes dominations, que l'Auteur, s'il eût été Historien exact, auroit
dû rappeller, & comparer avec les titres
legitimes de nos Monarques ; il devroit
gémir avec ses compatriotes au souve-
nir d'une si longue séparation.

Le Jurisconsulte auroit dû aussi examiner scrupuleusement si les Loix produites par l'usurpation, peuvent servir
de fondement & de naturelle défense à
la Province contre le Roi qui reclame
son titre de souveraineté ; titre qui n'a
jamais pû se prescrire ni s'éclipser, quelque longue qu'ait été l'usurpation ; usurpation d'ailleurs contre laquelle la Couronne a sans cesse protesté.

Si nos Rois, plus Peres que Souverains, ont eu la sagesse, la bonté & la
prudence de laisser faire au tems, & d'attendre qu'il les remît en possession de la
Provence ; cet amour de la paix, qui
devoit être consacré à une éternelle vé-
nération, pouvoit-il porter préjudice à
Louis XIV. & retrancher à Louis XV.
& à sa posterité un droit de souveraineté,

qui

qui ne se peut perdre par aucun acte ni par aucune suite de tems, que la volonté même déterminée du Roi, ne pourroit faire perdre à ses successeurs ?

L'Auteur qui a retranché de l'Histoire les traits & les époques les plus remar-.quables, le Jurisconsulte qui a suivi un chemin tracé, sans prendre conseil ni des Loix civiles, ni des politiques, sans même consulter la Nation sur des points aussi intéressans, auroit du moins dû être exact sur les points de procedures, & annoncer au Public l'état d'une question simple, & dire que la directe univer-selle en Provence contestée à Louis XIV. lui a été solemnellement adjugée en 1687, conformément aux Loix de l'Etat & aux maximes de la Province, par une Commission à laquelle présidoit feu M. Lebret, Premier Président & Intendant ; Magistrat dont toutes les décisions tiennent lieu d'oracles ; décision d'autant plus respectable en ce genre, qu'il tenoit de ses ancêtres les veritables maximes de la souveraineté de nos Rois.

Nous voyons en effet que, lorsque Henry le Grand rentra en possession des Places de Metz, Toul & Verdun, M. Lebret lui fit sentir par la disposition de

Seconde Partie.   Gg

toutes les Loix : » Que quelques lon-
» gues que foient la jouiffance & la pof-
» feffion d'un Etat ufurpé , la prefcrip-
» tion ne peut jamais le rendre propre à
» l'ufurpateur ; le commencement d'une
» poffeffion accompagnée d'injuftice ne
» pouvant operer ni produire une legi-
» time prefcription. Suivant lui la pref-
» cription que l'on regarde comme la
» gardienne du repos des hommes , ne
» le peut être , fi elle n'eft accompagnée
» de la juftice & de la bonne foi : il dé-
» cide qu'autrement elle deviendroit la
» protectrice de la violence, & ferviroit
» de fpecieux prétexte à l'ufurpation ;
» que d'ailleurs c'eft une regle certaine
» dans tous les Etats, que la prefcription
» ne peut avoir lieu aux chofes qui dé-
» pendent de l'Etat des Princes Souve-
» rains.

L'auteur dans le pompeux affemblage
qu'il fait des Edits , Déclarations , Lettres Patentes & Arrêts du Confeil, craint
fi fort de les affortir avec les véritables
circonftances qui y ont donné lieu , qu'il
n'ofe même , à la fuite du Jugement de
1687. (fur lequel il paffe legerement)
citer un Jugement folemnel rendu au
Confeil la même année contradictoi-

rement, sur production respective des parties, au rapport de M. de Richebourg, entre MM. d'Arles & le Controlleur General du Domaine, après une instruction de plusieurs années.

MM. d'Arles prétendoient aussi alors se souftraire à la directe universelle du Roy, le contraire fut ordonné, & conformément au Jugement de MM. les Commissaires du Domaine, il fut jugé que le Roy auroit la directe universelle sur tous les biens du territoire d'Arles, ainsi que sur tous ceux de la Provence. N'est-ce pas aussi, MONSEIGNEUR, vouloir jetter de la poudre aux yeux, & insulter à ce que nous avons de sçavans & de personnes d'esprit dans le Royaume, que d'oser dire que la Provence étant regie par le Droit Ecrit, tous les héritages en sont allodiaux, & que la soumission à la directe universelle du Roy ne peut être présumée, si Sa Majesté ne justifie de son titre ?

Chaque partie de cette proposition est un sophisme.

La Provence est regie par le Droit Ecrit, quant aux Contrats, aux Testamens & aux successions, mais point quant au gouvernement & à la souveraineté.

On est obligé en Provence de se conformer aux Ordonnances, aux Edits & aux déclarations de nos Rois, & où il n'y a aucuns de ces titres qui assujettisse, on suit la disposition du Droit Ecrit.

Si on convient que la Provence tient du Roy (ce qu'elle regarde comme un privilége) la permission d'user du Droit Ecrit, pourra-t-on en ce cas faire comprendre à qui que ce soit, que le Roy ou ses prédecesseurs ayent entendu en rien déroger à leur droit de souveraineté, & que le Droit Ecrit qui n'a jamais connu la matiere des Fiefs, ait rien reglé de contraire aux titres suprêmes de la Monarchie Françoise, concernant les Fiefs & l'assujettissement des rotures?

On avance de suite que la Provence est un pays de Franc-aleu de nature, & on n'observe pas que tous les Fiefs y relevent du Roy, & que les Seigneurs jouissent dans presque toutes les terres de la directe universelle par la libéralité des Princes qui les y ont inféodés: On voit d'ailleurs dans les Archives du Roy à Aix, & dans tous les Auteurs du pays qui ont traité la matiere *ex professo*, que les anciens Comtes de Provence y jouil-

folent de cette directe univerfelle tant
conteftée au Roy , & qu'ils levoient les
Lods fur tous les biens.

On ne prend pas garde qu'en propo-
fant le franc-aleu de nature en Provence,
on en eft démenti par la feule infpection
des Fiefs qui relevent tous du Roy , &
par les différens priviléges de nos Rois,
que nombre de Communautés de la
Province réclament ; on ne voit pas
qu'en donnant ce privilége aux feules
rotures , on éleve la condition du Roturier au deffus de celle de la Nobleffe.

Quoi ! cette Nobleffe qui dans tous
les tems n'a refufé à fon Roy ni fa vie
ni fes biens, dont le fang a été en toutes
les rencontres prodigué avec tant de
gloire , de zéle, de générofité & d'honneur pour fon fervice & celui de l'Etat,
fera foumife à la directe du Roi, le Tiers-
Etat au contraire, le *Payfan* jouira d'une
franchife de nature ? La feule propofi-
tion revolte.

De l'autre côté on rendra l'état de la
Nobleffe en Provence plus illuftre en
quelque forte que celui du Souverain ;
les Seigneurs jouiront de la directe univerfelle , & le Roy qui les rend partici-

pans de cet honneur de la souveraineté, sera d'une pire condition ?

Toutes ces propositions sont autant de contradictions & d'oppositions frivoles, jettées au hasard pour soutenir une mauvaise cause déja jugée & condamnée, & anéantir une possession d'un droit aussi éminent, qui, à la gloire de la Nation, n'auroit jamais dû être contestée au Roy.

N'est-ce pas aussi une trop grande entreprise, que de tenter de reduire le Roi à la condition des particuliers, & de prétendre qu'il rapporte des titres pour autoriser dans quelque partie que ce soit de son Royaume, sa directe universelle sur tous les biens qui y sont enclavés ?

L'Auteur de la défense du franc-aleu de Provence auroit dû reconnoître ces titres respectables dans la Couronne & l'Epée de son Roy, en admirer les attributs & la puissance, examiner avec respect & soumission de qui Sa Majesté tient l'un & l'autre ; alors il se seroit rangé du parti de ceux qui tiennent avec tant de raison, qu'il n'y a en France *nulle Terre sans Seigneur* ; il n'auroit point murmuré contre cette soumission générale, qui loin d'ôter à Dieu les effets de sa toute-

puissance infinie, nous y réunissent de
cœur & d'esprit en la personne du Souverain qui le représente sur la terre ; il
n'auroit pas non plus adopté avec tant
de complaisance le lardon qu'il rapporte
d'un critique, qu'il qualifie ingenieux,
ni l'opinion de Tertulien, *Si omnia sunt
Principis, quid erit Dei ?* Des sentimens
conformes à nos maximes, qui ne tendent
ni à tyrannie, ni à irréligion, ne lui fourniront jamais matiere de se repentir, ni
de se dédire à l'agonie. *

* Voir la page 150 de la Défense.

VERSAILLES, MARLY,
S. GERMAIN EN LAYE,
ET MEUDON

Lettres Patentes, du 17 Janvier 1736. qui nomment des Commissaires pour faire procéder à un Terrier général des Domaines de Versailles, Marly, Saint Germain en Laye, & Meudon.

LOUIS, par la grace de Dieu, Roy de France & de Navarre : A nos amés & féaux les sieurs de Gaumont Conseiller d'Etat ordinaire, Trudaine Conseiller d'Etat, Intendant de nos Finances, Bertier de Sauvigny Maître des Requêtes, & d'Ormesson d'Amboile, aussi Maître des Requêtes : SALUT. Les différentes Seigneuries qui nous appartiennent à cause de nos Domaines de Versailles, Marly, Saint Germain-en-Laye, & Meudon, & le grand nombre d'acquisitions que le feu Roy notre très-honoré seigneur & bisayeul a

faites

faites , & que Nous avons continué de
faire , tant pour former nos Parcs , qu'aux
environs d'iceux , Nous paroiſſant un
objet aſſez important pour en faire un
Terrier general : A CES CAUSES, &
autres à ce Nous mouvans , & de notre
certaine ſcience , pleine puiſſance & autorité royale , connoiſſant votre zéle
pour notre ſervice , votre intégrité & ex-
perience , Nous vous avons par ces préſentes ſignées de notre main , commis &
député , commettons & députons , pour ,
à la requête de Guillaume-François Deſ-
noyers , notre Procureur en la Maitriſe
de Saint Germain-en-Laye , que Nous
avons nommé pour notre Procureur en
cette Commiſſion , faire proceder à un
Terrier general de tous noſdits Domaines , tant pour les héritages & fonds qui
Nous appartiennent , que pour ceux qui
ſont tenus de Nous , ſoit en fief ou en
roture , ou qui ſont ſitués dans les enclaves de noſdits Parcs & environs d'iceux ;
faire lever tous les plans que vous eſti-
merez néceſſaires , par paroiſſes ou autrement , commettre tels Notaires que
beſoin ſera pour recevoir les déclarations
qui Nous devront être faites , & par vous
rendre toutes Ordonnances , & juger en
dernier reſſort , au moins au nombre de

Seconde Partie.   H h

trois, toutes les demandes & contestations qui feront formées devant vous,
à la requête de notredit Procureur, concernant ledit Terrier, circonstances &
dépendances, à l'effet de quoi il fera par
vous nommé un Greffier de ladite Commiſſion. SI VOUS MANDONS que les préfentes vous ayez à faire lire, publier &
regiſtrer, & le contenu en icelles garder,
obſerver & exécuter de point en point
ſelon leur forme & teneur. CAR tel eſt
notre plaiſir. DONNÉ à Verſailles le dix-
feptiéme jour de Janvier, l'an de grace
mil ſept cent trente-ſix, & de notre regne le vingt-uniéme. *Signé*, LOUIS.
Et plus bas, Par le Roy, PHELYPEAUX.
Vû au Conſeil, ORRY, & ſcellé du
grand ſceau de cire jaune.

---

*Arrêt du Conſeil, du 19 Juin 1736, qui
regle les ſalaires des Notaires pour les
déclarations qui doivent être paſſées au
Terrier de Verſailles, Marly, Meudon
& Saint Germain ; les Cens qui doivent
être payés, & la remiſe qui pourra être
faite ſur les droits Seigneuriaux dûs à
Sa Majeſté.*

LE ROY ayant ordonné par des Lettres Patentes du 17 Janvier dernier,

qu'il feroit procédé à la confection d'un
Terrier general de ses Domaines de
Versailles, Marly, Saint Germain-en-
Laye & Meudon, & nommé à cet effet
des Commissaires de son Conseil pour
juger les contestations qui pourront sur-
venir à l'occasion dudit Terrier ; il lui
paroît nécessaire de fixer ce qui doit être
payé par ses Vassaux & Censitaires aux
Notaires qui ont été nommés par lesdits
sieurs Commissaires , pour les frais des
déclarations qui doivent être rendues audit Terrier ; de régler aussi , suivant l'é-
tendue des emplacemens , justifiée par
les plans qui viennent d'être levés de
l'ordre de Sa Majesté , la quotité du cens
qui sera payé à l'avenir par les Propriétaires des maisons & autres emplacemens
de la Ville de Versailles , dont il n'a encore été passé aucunes déclarations , en
sorte qu'il n'y entre aucuns deniers , obo-
les ni pites , attendu la difficulté de la
perception ; & enfin , de regler la remise
qui pourra être accordée sur les droits de
lods & ventes qui se trouveront dûs par
aucuns de ses Vassaux & Censitaires :
à quoi voulant pourvoir ; Oui le rapport du sieur Orry , Conseiller d'Etat ,
& ordinaire au Conseil Royal , Control-

leur General des Finances; SA MAJESTÉ ÉTANT EN SON CONSEIL, a ordonné & ordonne ce qui suit.

ARTICLE PREMIER.

Les Vassaux & Censitaires de Sa Majesté, ne payeront que la seule minute des déclarations qui seront par eux fournies, Sa Majesté voulant bien prendre sur son compte la dépense des expéditions qu'Elle fera faire dans la forme qui sera jugée plus convenable pour le bon ordre de son terrier.

II.

Il ne sera passé qu'une seule déclaration par tous les Propriétaires des mêmes héritages ; & si aucuns des Propriétaires sont absens, les déclarations seront passées par les présens, tant en leur nom, que se faisant fort desdits absens.

III.

Il sera payé aux Notaires qui recevront les déclarations pour les maisons & autres emplacemens dans les Villes de Versailles, Marly, Meudon & Saint Germain-en-Laye, cinquante sols pour chacune, outre le coût du papier & du droit de scel, & encore du droit de controlle à l'égard des déclarations qui seront passées devant les Notaires commis à Versailles & à Saint Germain-en-Laye.

IV.

Quant aux maisons & autres héritages situés hors lesdites Villes, & dans toute l'étendue desdits Domaines, il sera passé autant de déclarations qu'il y a de paroisses dans lesquelles les mêmes propriétaires possedent des biens.

V.

Il sera payé trente sols pour le premier article desdites déclarations, & cinq sols pour chacun des autres articles, non compris aussi le coût du papier, scel & controlle.

VI.

Outre ces sommes, les expéditions que les particuliers voudront avoir de leurs déclarations, seront par eux payées selon le nombre de rolles que contiendront lesdites déclarations, suivant les Réglemens.

VII.

Les Notaires, moyennant leurs salaires ci-dessus reglez, remettront tous les mois au Procureur du Roi de la Commission, des copies en papier non timbré, de toutes les déclarations qu'ils auront reçues pendant le mois précédent, dont il leur fera donné une reconnoiffance par ledit Procureur du Roi, au pied d'un état fommaire, qui ne contiendra que les noms des propriétaires qui auront figné lefdites déclarations, & les dates d'icelles.

VIII.

Lefdits Notaires figneront, chacun à leur égard, auffi moyennant le falaire ci-deffus reglé, les expéditions des déclarations qui auront été reçues par chacun d'eux, après qu'elles auront été portées dans les volumes dudit Terrier.

IX.

Le cens pour les maifons & autres emplacemens de la ville de Verfailles, fera employé dans lefdites déclarations, & payé ainfi qu'il fuit : Pour cinq perches & au-deffous, un fol : Pour les emplacemens au-deffus de cinq perches, jufqu'à dix perches, deux fols : Pour ceux au-deffus de dix perches jufqu'à quinze perches, trois fols : Pour ceux au-deffus de quinze perches jufqu'à vingt perches, quatre fols : Pour ceux au-deffus de vingt perches jufqu'à vingt-cinq perches, cinq fols ; & à la même proportion jufqu'à cent perches & au-deffus, enforte qu'il ne foit pas payé pour l'ar-

pent plus de vingt sols : Et sera ledit
cens stipulé payable au jour de Saint Michel de chaque année, sous peine de l'a-
mende portée par la Coutume de Paris.

X.

Quant aux cens & redevances seigneuriales, dûes pour les autres maisons
& héritages situez dans l'étendue de tous
lesdits Domaines, la fixation en sera
faite suivant qu'elle se trouvera établie
par les déclarations passées à Sa Majesté,
ou aux anciens Seigneurs dont Elle a les
droits, ou par les autres titres de Sa Majesté, même par ceux des détempteurs
desdits héritages ; & où il n'en pourra
être justifié par anciens titres, il y sera
pourvû par lesdits Commissaires ainsi
qu'il appartiendra, les propriétaires des
héritages appellez à la requeste du Procureur du Roi de la Commission ; & ledit cens & autres redevances seront sti-
pulez payables aux jours des échéances
accoutumées en chaque lieu, aussi sous
peine de l'amende portée par la Coutume.

X I.

Permet Sa Majesté au Receveur de
sesdits Domaines, d'accorder, conformément aux Lettres Patentes du pre-

mier Février 1723. un quart de remiſe à ceux de ſes vaſſaux & cenſitaires qui lui doivent des droits de quint, de relief, ou de lods & ventes, de leur chef ou de celui de leurs auteurs, & qui en feront le payement dans trois mois, à compter du jour de la publication du préſent Arrêt. Veut qu'après ledit jour ils ſoient tenus de payer leſdits droits en entier, & qu'ils ſoient à cet effet pourſuivis à la requête de ſondit Procureur, ſans que ledit délai puiſſe être prorogé ſous aucun prétexte.

XII.

Enjoint Sa Majeſté auſdits Sieurs Commiſſaires, de tenir la main à l'exécution du préſent Arrêt ; à l'effet de quoi, Sadite Majeſté leur en donne de nouveau, en tant que beſoin, toute cour, juriſdiction & connoiſſance. FAIT au Conſeil d'État du Roi, Sa Majeſté y étant, tenu à Verſailles le dix-neuviéme Juin 1736. *Signé*, PHELYPEAUX.

Dépôts des Papiers Terriers à la Chambre des Comptes de Paris.

LA garde de tous les Papiers Terriers eſt confiée au Procureur Général de la Chambre des Comtes de Paris. Ce dépôt est dans une chambre à ce destinée, au-dessus du Greffe de ladite Chambre. Les Préposés aux Papiers Terriers du Domaine du Roi, doivent les envoyer à ce dépôt. Les volumes en sont reliés & rangés par ordre de Généralités, Domaines & Châtellenies. On en fait trois Inventaires ; un pour le Greffe de ladite Chambre, le second pour le Procureur Général , & le troisiéme pour rester au dépôt, & en donner des Extraits à tous ceux qui peuvent en avoir besoin. Les Conseillers-Auditeurs en font seuls dépositaires , & délivrent lesdits Extraits, sur les conclusions du Procureur Général, sans autres frais que dix sols pour chaque Rolle, contenant 25 à 30 lignes à la page, & 25 syllabes à la ligne, non compris le Papier ou Parchemin timbré. *Edit du mois de Décembre* 1691.

Voilà l'Extrait des principaux Reglemens que nous avons pû recouvrer pour la partie des Papiers Terriers qui ont été faits en différens tems du Domaine du Roi.

Les Seigneurs particuliers, les Commiſſaires à Terriers & autres, pourront s'en ſervir utilement pour les différentes queſtions qui ſe préſenteront pour la confection de leurs Papiers Terriers, en rapprochant néanmoins d'iceux les principes qui ſe trouvent rapportés avant leſdits Reglemens.

Ceux auſquels ce Traité pourroit ne pas paroître d'une étendue aſſez ſatisfaiſante, & qui deſireroient des éclairciſſemens plus conſidérables, pourront conſulter avec ſuccès le Traité des Fiefs par Guyot, & la Pratique des Terriers par Freminville.

F I N.

LOUIS, par la grace de Dieu, Roi de France & de Navarre : A nos amés & féaux Conseillers les Gens tenans nos Cours de Parlemens, Maîtres des Requêtes ordinaires de notre Hôtel, Grand Conseil, Prevôt de Paris, Baillifs, Sénéchaux, leurs Lieutenans Civils, & autres nos Justiciers qu'il appartiendra, SALUT. Notre amé ✱✱✱✱✱ Nous a fait exposer qu'il désireroit faire imprimer & donner au Public, un Ouvrage qui a pour titre, *Principes des Matières Féodales*, s'il nous plaisoit lui accorder nos Lettres de Permission pour ce nécessaires. A ces causes, voulant favorablement traiter l'Exposant, Nous lui avons permis & permettons par ces Présentes, de faire imprimer ledit Ouvrage autant de fois que bon lui semblera, & de le faire vendre & débiter par tout notre Royaume, pendant le tems de *trois* années consécutives, à compter du jour de la date desdites Présentes. Faisons défenses à tous Imprimeurs, Libraires & autres personnes, de quelque qualité & condition qu'elles soient, d'en introduire d'impression étrangere dans aucun lieu de notre obéissance : à la charge que ces Présentes seront enregistrées tout au long sur le Registre de la Communauté des Imprimeurs & Libraires de Paris, dans trois mois de la date d'icelles ; que l'impression dudit Ouvrage sera faite dans notre Royaume & non ailleurs, en bon papier & beaux caractères, conformément à la feuille imprimée, attachée pour modèle sous le Contre-scel des Présentes ; que l'Impétrant se conformera en tout aux Réglemens de la Librairie, & notamment à celui du 10 Avril 1725 ; qu'avant de l'exposer en vente, le manuscrit qui aura servi de copie à l'impression dudit Ouvrage, sera remis dans le même état où l'Approbation y aura été donnée, ès mains de notre très-cher & féal Chevalier, Chancelier de France, le Sieur de Lamoignon, & qu'il en sera ensuite remis deux Exemplaires dans notre Bibliothèque publique, un dans celle de notre Château du Louvre, & un dans celle de notredit très-cher & féal

Chevalier, Chancelier de France, le Sieur de Lamoignon :
le tout à peine de nullité des Présentes ; du contenu desquelles vous mandons & enjoignons de faire jouir ledit Exposant & ses ayant causes, pleinement & paisiblement, sans
souffrir qu'il leur soit fait aucun trouble ou empêchement.
Voulons qu'à la copie des Présentes, qui sera imprimée tout
au long au commencement ou à la fin dudit Ouvrage, soit
soit ajoûtée comme à l'Original : Commandons au premier
notre Huissier ou Sergent sur ce requis, de faire pour l'exécution d'icelles, tous Actes requis & nécessaires, sans demander autre permission, & nonobstant clameur de Haro,
Charte Normande & Lettres à ce contraires : CAR tel est notre plaisir. DONNE' à Versailles le dix-huitième jour du
mois de Janvier, l'an de grace mil sept cent soixante, & de
notre Regne le quarante-cinquiéme. Par le Roi en son
Conseil. *Signé*, LE BEGUE.

*Regiſtré la préſente Permiſſion, enſemble la Ceſſion, ſur le
Regiſtre XV. de la Chambre Royale & Syndicale des Libraires
& Imprimeurs de Paris, N. 3229. Fol. 57. conformément au
Réglement de 1723. A Paris ce 11 Avril 1760,*
         Signé, G. SAUGRAIN, Syndic.

Je souſſigné, reconnois avoir cédé aux Sieurs Prault
pere & Vallat-Lachapelle, Libraires à Paris, mon droit au
préſent Privilége, pour par eux, en jouir en mon lieu &
place, conformément aux conventions faites entre nous.
A Paris ce 11 Avril 1760. *Signé*, GINET.